成为好父母的**7**堂自我教育课

不是孩子的错

NOT THE CHILDREN'S FAULT

黄志坚　高曼　著

中国青年出版社

（京）新登字 083 号

图书在版编目（CIP）数据

不是孩子的错 / 黄志坚，高曼著. —北京：中国青年出版社，2011.11
ISBN 978-7-5153-0303-1

Ⅰ.①不… Ⅱ.①黄…②高… Ⅲ.①家庭教育 Ⅳ.①G78

中国版本图书馆 CIP 数据核字（2011）第 211709 号

出版策划：嘉伟文化 JARL.V CULTURE
责任编辑：常　成　彭宇珂
特约编辑：凌　革
装帧设计：尹先波

中国青年出版社出版　发行
社址：北京东四十二条 21 号
邮政编码：100708
网址：www.cyp.com.cn
编辑部电话：（010）57350504
门市部电话：（010）57350370
长沙湘诚印刷有限公司印制
新华书店经销

710×1000 1/16 14 印张 114千 字
2012 年 1 月北京第 1 版
2012 年 1 月湖南第 1 次印刷
定价：25.00 元

PREFACE 前言

教育是一个永恒的话题。

以往我们关注的重点往往是学校和老师，却忽略了一个事实——父母是孩子的第一任老师。家庭是孩子人生的第一所学校，而父母是孩子的第一任老师，是孩子最亲近的依靠，是孩子的精神支柱。必须承认，子女教育是一项非常艰苦的工作，绝不只是陪孩子吃饭、做作业、上才艺班那么简单。为人父母，除了照顾孩子的生活起居，还要成为孩子的生命导师、人生教练和知心朋友，最重要的是成为孩子的精神供氧者。

随着社会的发展，父母对子女的期望值也在不断提高。但父母或许没有意识到，他们在严格要求子女的同时，也给自己提出了更高的要求。因为孩子的成长过程需要父母的监督，更需要父母的“身教”。怎样才能做称职的父母？如何才能获得良好的教育效果？教育专家一语中的：“要想孩子成功，自己必须优秀。”父母必须意识到，教育孩子的根本在于自己。自己是孩子的模板，如果希望孩子产生令人惊叹的效果，父母就要把自己刻画得精细些。

作为父母，切不可忽视自身形象可能对孩子产生的巨大影响。从一定意义上说，孩子如同父母的影子，谓之“有其父必有其子”。作为孩子的启蒙老师，父母应以身作则，给孩子以榜样示范作用。“龙生龙，凤生凤，老鼠的孩子会打洞”也许听起来有些偏激，但不乏道理。正直豁达、积极向上的父母，培养出来的孩子往往品格不差，这说明“好父母造就好孩子”是有根据的。

目前，许多父母似乎进入了一个教子误区：重于言传，疏于身教。很多父母教育孩子要认真学习、不要贪玩，自己却沉溺于赌场、舞厅、酒店等娱乐场所；教育孩子孝顺父母，自己却没有尽到为人子女的义务；教育孩子要用语文明、以礼待人，自己却脏话连篇、粗鄙不堪；教育孩子要有良好的生活习惯，自己却生活无序、衣冠不整；要求孩子热爱劳动，自己却懒惰散漫……这样教育，效果可想而知。

“孩子是父母的影子”。父母拿什么教育孩子？当然是拿自己较高的文化水平、优良的思想品德等。意志、品德、胸襟等是组成人格最重要的因素，并非通过说教“显教育”就能产生立竿见影的效果，而需要通过行为“潜教育”对孩子产生潜移默化的影响。父母需要时刻保持“父母的自我意识”。无论家庭内外，无论是在一本正经地教育孩子，还是在饭桌旁天南海北畅所欲言，我们都不能忘记为人父母的表率作用和对子女应承担的教育义务。

凡是自己做不到的，别苛求孩子做到，此所谓“己所不欲，勿施于人”；凡是要求孩子做到的，自己首先要做到，此所谓“己欲立，而立人”。只有时时、处处、事事注意检点自己，言行举止端正，才能对孩子产生正面影响，教育出好孩子。

西方许多国家开办父母学校，年轻夫妻培训合格后才被允许生孩子。我国虽无此种制度，但每一个父母都应该反思自身所存在的问题。唯有如此，我们才不会在教育出现问题的时候一味地指责和抱怨，才会先思己过，从自身找原因，并找到相应的解决方法。

日本的一项研究表明，学习成绩好、表现优秀的学生，他们的母亲一般是行为果断、做事有计划的人，父亲一般都是认真、有礼貌的人。可见家庭环境，尤其是父母的人格和能力，与孩子的成长密切相关。优秀的孩子背后一定有优秀的教育方法和称职的父母。父母首先要让自己成为一棵大树，才能为孩子遮荫。孩子的健康成长，需要父母给予爱，给予陪伴和鼓励。孩子的心智、人格成长所需的心灵养料，都需由父母来供应。

怎样的父母才算是好父母？这没有统一的标准，但本书所言的“四不四为”可供父母们参考。扬长避短，方达育人目的。从孩子的身上，你将看到自己的影子；教育孩子，也是教育并检验自己。一言以蔽之，好父母造就好孩子，好孩子反映好父母。

第1课 好父母不该有的10种坏想法

世间标准给万物以好坏优劣之分。当孩子被贴上坏的标签时，很多父母一味质疑子女，却不懂得自我反省。殊不知坏的不是孩子，而是父母的想法。正是这些坏想法，把孩子关进了一个无形的牢笼。

第2课 好父母不该有的10种恶言语

好话一句三冬暖，恶语伤人六月寒。父母往往会忽视恶言语对孩子造成的伤害，因为这种伤害隐蔽而不易被察觉。它恰似潜伏在身体里的伤病，表面看似安然，内里却波澜起伏、隐隐作痛。父母必须克制自己的情绪，尽量避免给孩子的心灵种下病根。

目录

第3课 好父母不该有的10种差榜样

榜样的力量是无穷的，好的榜样可以带来积极正面的影响，差的榜样则可能贻害孩子一生。作为孩子眼中的表率，父母必须注重自身的修养，严于律己，事事以自己的正确言行为孩子树立榜样，引导孩子健康成长。

第4课 好父母不该有的10种糟习惯

“上行下效”用来形容父母与子女之间糟糕习惯的一脉相承再合适不过。事实证明，父母有糟糕习惯，子女也会深受其害，成为糟糕习惯的另一个实践者。习惯会潜移默化地影响孩子的一生，所以，在这方面，父母不可大意。

第5课 好父母学会与孩子交朋友的10个秘诀

基于亲子关系的特殊性，父母对孩子进行教育，孩子容易接受。在孩子眼里，父母是他们最亲最爱的人。因此，父母要成为孩子的朋友，须保持良好的沟通，平等倾听孩子的心声。好的亲子关系，胜过任何学校的教育。

第6课 好父母必备的12种教育技能

教育系统教导孩子基本阅读、写作、自述与科学等知识，而生活中所需的知识远远不止这些。生活是一门复杂的学科，囊括了许多课堂之外的复杂技能，这些需要父母为孩子完善。所以，父母要以身作则，提升自己的教育技能。

NTS 目录

第7课

好父母必备的15种素质

父母养育孩子是一种本能，也是自然法则。父母对子女的影响是巨大的，所以更应加强自身修养。作为好父母，必须提升自己方方面面的素质，在对子女的自然教化中才能潜移默化地起到正面积极的影响。

第1课

好父母不该有的10种坏想法

世间标准给万物以好坏优劣之分。当孩子被贴上坏的标签时，很多父母一味质疑子女，却不懂得自我反省。殊不知坏的不是孩子，而是父母的想法。正是这些坏想法，把孩子关进了一个无形的牢笼。

1. 父母是家里的老大

父母是世界上最小的官，这个官无须凭文凭和证书竞争上岗。随着孩子的出生，父母的身份自然地得到认证。在很多家庭，父母是大权在握的统治者，不仅有经济大权，还掌握全家人的命运。在父母的绝对权威下，孩子须绝对服从。高兴时，父母对孩子宠爱有加；不高兴则拳脚相向。

在中国，父母的权威与家长制传统紧密相联。中国传统文化中的等级制度、儒家文化中尊崇孝顺和长幼有序的观念，一定程度上造成了父母绝对权威与子女绝对服从的家庭模式。在封建社会，森严的等级制度和父母的绝对权威曾被演绎得淋漓尽致。如今这种封建家长制虽已淡化，但其影响却依然不可小觑。

很多专制的父母在情感态度方面倾向于拒绝和漠视孩子，要求孩子无条件遵守规则，却缺少对规则的解释。当孩子反抗时，他们会强迫并惩罚孩子，导致很多孩子只能在父母的棍棒下战战兢兢、提心吊胆地生活。这种专制的做法对孩子是一个很大的桎梏，不利于孩子的身心健康发展。目前，我国的青少年犯罪屡见不鲜，很大程度上要归咎于失败的家庭教育。

父母专制的思想实施于亲子教育，会阻碍孩子创造性思维的拓展和个性的发挥，导致孩子出现胆小、畏缩、抑郁和焦虑等情绪。在与同伴的交往中，这些孩子容易有敌对情绪。遇到挑战，男孩易变得极其愤怒；而女孩因为依赖性强，则易采取回避的态度。

父母权威的建立，不能靠无原则的迁就、哄劝、爱抚，也不能靠物质和金钱收买，更不能靠压制和打骂，而必须靠正直的品行、模范的行为和对孩子人格的尊重。孩子得到父母的尊重和信任，才愿意把父母当成生活、学习乃至工作的顾问，心甘情愿地听从指教。这种朋友般的关系代表一种地位的平等，有助于亲子良好地互动，包含了西方文化中自由、平等的观念。

如前苏联教育专家马卡连柯所言，“权威应当不是由父母对子女的关系，而是由父母自身决定的……权威的根源只出于一个地方：那就是父母的操行，包括行为的各方面。换句话说，就是包括父母两人的全部生活：他们的工作、思想、习惯、感觉和意图”。

父母权威是家庭教育取得成功的重要条件，但权威并不是传统意义上专制的管理和束缚。从另一个角度说，父母权威与朋友角色并不对立，它应建立在充分尊重孩子人格独立的基础上，是父母怀着爱心有效地引导和扶持孩子。在孩子能够独立时，父母应减少控制并渐渐淡出，充分发展孩子的自主性。

在爱与管理之间，在权威树立的过程中，父母要有方法、负责任地教育子女，引导他们走上正确的人生之路，不能放任自流，使孩子走入人生的误区。基于此，瑞士教育专家提出了“半权威式”的教育方式，给喜欢在家当老大的父母敲了一记警钟。所谓“半权威式”的教育，即父母在教育孩子的时候，以自己的言行为榜样，规范孩子的行为，引导孩子建立良好的习惯。父母应先树立一个正面的自我形象，再去约束和要求孩子，从而树立权威。其中，父母要做到以下几点：

第一，科学合理地安排生活，使孩子养成良好的生活习惯。根据孩子的实际情况，帮助他们安排切实可行的起床、吃饭、写作业、做家务、游戏等作息时间，要求孩子严格遵守。

第二，讲究方法，讲究教育艺术。话贵精而不贵多。在孩子面前，父母要说该说的话，不该说的一个字也不说。如果父母把碎碎念当成一种习惯，那么再想要一本正经地教育孩子，估计也产生不了多大的威慑力。

第三，为孩子创造必要的学习环境。这种环境需要父母共同营造。父母爱读书，在家中营造浓郁的书香氛围，如此，孩子也会受感染而静下心认真学习。孩子在房间读书时，父母切忌在客厅看电视或者打麻将，把家中弄得乌烟瘴气。否则，孩子就算有心读书想必也读不进去了。

做好上述三点，父母才能真正树立自己的权威，真正成为孩子的老大，让孩子甘心被自己引导，并把良好的生活准则一生践行。

2. 糖和棍棒的简单策略

“望子成龙，望女成凤”，一句古语道尽天下父母心思。但“不打不成才”“棍棒底下出孝子”的暴力教育方法与“金钱物质”的简单刺激方法皆是危险而不可取的。

据报道，只因 3 岁的女儿背不熟诗句，一名女子一气之下，失手将孩子打死……孩子无辜之死，父母错位之爱，着实令人感到可悲可叹。事实上，类似的悲剧并不少见。缺乏现代家庭教育理念的父母，最容易采取简单而极端的教育方式。他们把糖和棍棒结合起来，对孩子实行奖惩，以简单粗暴和缺乏温情的态度，来对待孩子那稚嫩幼小的心灵。殊不知，这样的教育方法可能给孩子的身心造成巨大创伤，甚至可能酿成无法弥补的悲剧。

不少父母抱怨，打孩子不好，可不打孩子又没其他更好的教育方法。孩子不听话，屡教不改，把父母苦口婆心的劝导当成耳旁风。在这种情况下，父母只有挥舞起棍棒才管用。父母会形成这种教育观念，根本原因在于父母不了解孩子的心理，没有掌握正确的教育方法。

实施棍棒教育危害多多。父母采取简单粗暴的教育方法，对孩子动辄恶语相向加体罚，会大大挫伤孩子的自尊心。长此以往，孩子易对父母产生不满和憎恨，甚至可能产生极度逆反心理。从另一方面来说，父母打骂孩子会让孩子不断否定自己，变得胆小自卑。在与人的交往过程中，他们会害怕、自闭、不合群。

小阳的教育问题就让父母烦恼不已。小阳比较贪玩，经常因为写作业不认真出现的问题而被老师告状。父母多次说教，小阳仍然无动于衷。失望之下，父母便经常对他谩骂或者体罚。这样一来，小阳和父母的关系急剧恶化。为逃避父母惩罚，小阳学会了说谎，还多次偷钱离家出走，想逃离父母的惩罚。

从小阳的例子中，我们不难看出，棍棒教育的效果不但很差，而且让孩子的问题变得更加严重，甚至出现心理障碍。很多孩子最初也害怕父母的责打，但是，久而久之，他们对这种教育方法产生了免疫力，变得麻木、我行我素。这种教育方法破坏了亲子的心灵联系，无疑是失败的。

有的父母说，我们会奖励孩子。说这话的父母，在实行棍棒式惩罚之后，会给孩子一些“甜头”，给他们金钱或物质上的补偿，抚平孩子的不满情绪。这种糖加棍棒的教育方法，更加体现父母对于教育观念理解的随意性。

父母采取这种教育方法，初衷还是为了孩子，但结果却往往适得其反。孩子并不能通过这种方式理解父母的真实意图，当然也就无法达到教育目的。也许短期内这种方法会有一定效果，但从长远来看，将可能导致孩子对物质利益的过分追求，甚至把学习作为换取物质的筹码。

那么，父母应当如何做才是正确的呢？

一、父母和孩子之间要多交流沟通，让孩子感受到理解与尊重。孩子也有自己独立的思想和人格，他们也渴望得到父母的理解和尊重。父母要注意倾听孩子内心的想法，在理解的基础上，教会孩子换位思考。如此，孩子就会自发地去考虑父母的感受，尊重父母的意见，理解并听从父母的安排。

二、父母要放手让孩子在生活中得到磨炼，培养其独立性。父母一味对孩子实行高压政策，用简单粗暴的方法教育他们，可能导致孩子内向、优柔寡断、不合群等性格的产生，对孩子的成长极为不利。只有在适度放手的情况下，孩子的个性才会得以良好地形成。

三、当孩子遇到难题时，父母要帮助孩子找出问题并共同解决问题，让孩子从中吸取教训，而不是一味地斥责或打骂。

此外，父母用“糖”对孩子实施教育的时候，要注意精神与物质奖励同时进行，否则会让孩子形成“为了得到物质奖励而做”的观念。喜欢表扬与荣誉是孩子的天性，特别是低龄孩子，物质奖励容易获得满足，而对精神奖励的需要却是无穷无尽的。因此，父母对孩子的奖励应该精神与物质并重，有时甚至更应偏重精神奖励。

作为父母，要明白每个孩子在成长的过程中都会犯错，都可能出现不良行为。此时，父母要尽量去考虑如何使孩子在犯错之后总结经验教训，得到进步和提高，而不是采取糖加棍棒的简单教育方式，结果使孩子心头聚积怨恨的情绪，造成亲子关系的不和，并造成孩子的是非观念扭曲。

在孩子的成长过程中，父母的鼓励和认同是不可或缺的。父母对孩子的教育，必须着力于精神，有益于心灵。用糖加棍棒的方式教育孩子是不可取的，科学合理的教育方式方能取得良好的教育效果。

3. 追求分数是孩子的唯一任务

如何来检验孩子在课堂上学到的知识呢？很多父母把分数作为唯一的标准。因此，追求分数成了孩子学习的唯一任务和终极目标。

有一次，一位朋友夜里打电话向我诉苦。他说自己的女儿这次考试成绩非常糟糕，但他还没对女儿说出任何批评的话，女儿已先声夺人，开始不停地哭泣。当我见到这位朋友的女儿时，看着她稚嫩可爱的脸庞，心里不由地感到难过。她说，每次公布成绩时，她都非常紧张，内心有一种抑制不住的恐惧，双手颤抖着只想哭。其实，朋友女儿平时表现尚属不错，究竟是什么原因让孩子的压力如此大呢？答案当然是分数。

事实上，对一个孩子的未来而言，分数并不是最重要的。试问一下，初中某次期中考试的分数有几个人能记得？排在全年级第几名对我们的现在影响很大吗？

著名杂交水稻之父袁隆平，他为人类所做的贡献举世皆知。这位卓越的科学家大学时的专业课成绩很一般。但是，他大学课程的成绩对他后来的发展并没有产生很大影响。在他进行科学研究、造福全国乃至世界人民的过程中，那些分数并没有成为障碍。

类似的例子还有很多，像爱迪生、爱因斯坦等伟大的科学家小时候成绩皆不佳，但那糟糕的分数并没有从此给他们的人生贴上糟糕的标签。因此，对于人的一生而言，分数确实不应占据至高无上的位置。

然而，有的父母将孩子的分数视为“命根”，一旦分数不理想，立刻进行责骂，甚至拳脚相加。这些粗暴的做法，根本无法促进孩子的学习，反而还可能在孩子幼小的心灵里留下难以磨灭的阴影。为逃避责骂，有的孩子甚至用更改试卷分数来糊弄父母，而这些“罪行”的根源，来自于父母过于看重分数。

总的来说，分数并不值得孩子们为之哭泣。考89分和90分，仅仅相差一分，那能代表什么？能代表基础知识没学好？学习不够刻苦？上课没有遵守纪律？都不能。所以，分数所能反映的内容是很少的，它不能成为孩子没有努力学习的“证据”。

有关统计学专家认为，一个群体的等级，最多被划分为六级。再多就没有意义了。通常情况下，一般产品分为上、中、下三等；老师的年终考核分为四级：优秀、称职、基本称职、不称职。很久以前，学生成绩实行5分制，即每门课的成绩只有五个等级：1分到5分。然而，现在有100分、120分、150分，有的甚至还有小数，这种划分在全国性的选拔考试中可能有一定的作用，可在平时，过于详细的分数标准又能说明什么呢？因此，不要让孩子在学习过程中把分数当成唯一的目标来追求，更不要让孩子因分数而变成一个斤斤计较的人。

当然，父母也应当给予分数合理的重视，因为考试最重要的作用就是检测。考试可以检测出前一个阶段孩子学习过程中存在的问题，父母可根据不同部分的不同分数有针对性地对孩子进行辅导。

当孩子考试成绩不理想时，父母需要平心静气地指导孩子分析试卷、肯定成绩、查出问题，明确下一步的学习重点。如此，孩子才能把注意力集中于学习问题而不是分数和排名，才不会因分数产生负面情绪，才能取得良好的学习效果。

孩子一次考试没考好不代表什么，将来还有机会。重要的是，上大学并不是孩子唯一的出路。父母不要因为一次不理想的分数就给孩子施加压力，导致孩子对分数产生恐惧心理。每个孩子的自身条件和个人兴趣都不尽相同，父母应当坦然对待分数。孩子的未来是丰富多彩的，选择也是多元化的，因此开心学习、健康成长才是孩子这个阶段最重要的任务。

总之，父母应当引导孩子卸下心灵的负担，放下分数这块巨石，真正在兴趣的引导下爱上学习。同时，如何让孩子掌握正确的学习方法，并且能灵活运用学习到的知识，才是最应该引起父母重视的问题。

4. 让孩子实现自己未竟的梦想

有的父母认为，自己给予孩子生命，孩子就理所当然得听自己的话。于是，他们把自己未实现的理想寄托在孩子身上，丝毫未曾顾及孩子的意愿。

其实这种做法毫无道理。按照马斯洛理论，人有五大基本需求：生理需求、安全需求、社交需求、尊重需求和自我实现需求。父母和孩子是彼此独立的个体，需求自然不尽相同。父母把自己的意愿强加给孩子，首先就是一种不尊重孩子的行为，更遑论满足他们的需求了。父母的兴趣未必是孩子的兴趣，父母的理想未必会成为孩子的理想，父母一厢情愿最后可能造成的只是孩子的负担。而且，父母与孩子所处的年代不同，如果把自己当年的理想强加给孩子，相当于把孩子从现实生活“移植”到历史的阴影里。这是一件非常可悲的事情，这样的行为本身也是父母自私的表现。

一位母亲的理想是成为一名画家，但由于种种原因，她的理想没有实现。于是，她一心想把自己的孩子培养成画家，高薪聘请老师进行辅导，给孩子报兴趣班，甚至逼迫孩子将所有课余时间都用于绘画。其实，这又是何苦呢？当一个画家的母亲会比自己拼搏成为一个画家更有价值吗？

谁说一个人年过四十就不能实现自己的理想呢？只要自己有心，一切困难都将不是困难。孩子也有自己的人生，也有想要实现的理想。倘若我们一厢情愿地把自己曾经的愿望放在孩子身上，他能否实现且不说，他自己的理想又该置于何处？难道又这样依葫芦画瓢顺延寄托在下一代身上吗？

父母要做的是如何给孩子树立榜样，而不是剥夺孩子自由选择理想的权利。孩子是独立的个体，父母不能把孩子当成自己的私有财产随意处理。孩子有自己的人生目标，父母不能强加干涉。父母所要做的，是在人生观和价值观上给孩子以正确引导，让孩子自己去选择他的未来。父母应与孩子建立一种轻松和谐的关系，创造一个宽容民主的家庭环境，培养身心健康、性格开朗的孩子。

只要孩子能“做最好的自己，做自己的最好”，就已经是对父母最大的褒奖。进入牛津、剑桥的人毕竟是少数，孩子能适应社会并按照自己的爱好发展成有益于社会的人，就是人生的成功。父母要尊重孩子的选择。

5. 孩子就是用来宠的

为了孩子健康成长，父母应该给予孩子充分的爱，但这并不意味着孩子就是用来宠的。溺爱和放任一样，对孩子的健康成长有害。那么，溺爱有哪些表现呢?

第一，对孩子言听计从，有求必应，百依百顺。在能力范围内满足孩子的一切要求，有时甚至放弃自己的原则。

第二，包办孩子的一切事务。孩子本可以独自完成的事情，父母也代其完成，久而久之，孩子变得过度依赖，缺乏自立能力。

第三，为孩子提供过度的物质生活，有时甚至超出家庭的正常经济能力。在生活中，有的父母溺爱孩子，把孩子的缺点看成优点，处处维护孩子的错误做法。这些孩子可能生理健康，但却可能形成心理缺陷或导致人格不健全，比如任性、自私、依赖性强、不能与人平等相处、性格软弱等。长大后，他们将难以适应正常的社会生活和竞争环境，还有可能产生一系列行为问题。

我认识一对夫妇，他们有一个可爱的女儿，现在上小学五年级。她已经跟妈妈一样高，看上去非常可爱。有一次，我去他们家拜访。其间，我发现一些令我感到十分奇怪的事情。每当父母打算做什么的时候，往往先征求一下女儿的意见。如果她不同意，就对父母大叫大嚷表示抗议。父亲买回菜，女儿不喜欢吃，就对父亲说：“讨厌！”孩子怎么这么没有礼貌呢？真让我吃惊！后来和她的父母谈起此事，他们表示，结婚多年后才有了这个孩子，因此倍加珍惜，尽一切所能宠爱孩子。

诚然，父母应该爱他们的孩子。可是，如果孩子只是一味地接受，从不考虑付出，又如何学会爱人？父母全心全意的爱又有何意义呢？

曾听说这样一件事情，奶奶过生日，孙子非要先吃一块蛋糕。父亲没有同意。结果，孩子竟然说："如果你们不让我吃，你们也别想吃！"接着，他一挥手把蛋糕拍烂，丢在地上。奶奶哭道："我爱了你 12 年，你爱我一天也不行吗？"

这样的事情并不罕见。前苏联教育专家马卡连柯警告人们："你想害死你的孩子吗？请给他一剂足够的幸福，这样就可以害死他了。"这句话就是众多犯罪少年的家庭血和泪的教训总结，值得用心体味。

可见，家人长期的溺爱会让孩子缺少挫折教育，使孩子变成"王子"或"公主"。此种放纵多于管束的教育，使得孩子不可能有较强的抗挫折能力。父母应该反思一下，你的溺爱是否已经剥夺了孩子想自主奋斗的愿望？"种瓜得瓜，种豆得豆"，溺爱孩子终将自食苦果。父母应该让孩子知道生活的辛苦，不要对孩子的要求百依百顺。父母要保持理智的头脑，认真分析孩子的要求，不合理的要求坚决予以拒绝，这样方能培养孩子换位思考的习惯，让孩子懂得尊重和关爱他人。

当然，我强调这些，并不是说父母不应该爱孩子。只是，父母之爱应当宽严结合，张弛有度。孩子成人之前，需要父母适度保护，而非一味宠溺。为了孩子早日自立，父母要培养他们独立的人格，绝对不能溺爱孩子。

6. 只学赚钱的知识

不可否认，钱的作用是巨大的。金钱可以让人衣食无忧，过上舒适富足的物质生活。但是，作为父母却不能只教孩子赚钱的知识，让孩子过早地钻进钱眼里。孩子还小，更需要日积月累的文化知识带给他心灵的沉淀。因此，孩子的精力必须集中于学习和自我能力素养的提升方面，经济上自然就得依靠父母。然而，这并不是让孩子形成依附心理，长大成人后当啃老族。父母想让自己的孩子及早树立理财观念原本无可厚非，但在此过程中，掌握恰当的方法尤为重要；否则，结果会适得其反。

有一个孩子，家里条件很一般。父母工作非常辛苦，对他的零用钱控制得很严。有时孩子向父母伸手要钱，父母会告诉他一些赚钱的方法，让他长大好凭借自己的能力赚取。结果孩子误解了父母的意思，他开始在学校里靠陪同学玩来挣钱。有一次，他受一个有钱孩子的指使去打架，把对方打成重伤，最后，父母赔了许多医药费才平息此事。可见，光教孩子赚钱的方法而不引导孩子树立正确的人生观和价值观，对孩子的危害是很大的。

培养一个有尊严的孩子，要教孩子控制自己的欲望，正确对待金钱。诚然，孩子需要学会理财的方法，具备赚钱的能力。但是，父母过度向孩子灌输金钱观念，对于尚不能明辨是非的孩子而言，容易让他们钻进钱眼里，只顾眼前的蝇头小利。钱是生活的保障和事业的基础。懂得合理使用金钱的人，才可以用它来开辟自己的人生道路，实现自己的理想，发挥其应有的作用；而那些掉进钱眼里的人，往往沦为金钱的奴隶，从而损及自己的品行和人格，为今后

的人生发展埋下隐患。

另外，只注重孩子知识的积累，而不重视孩子性格的培养，也是只重视孩子学习赚钱知识的一种表现。有的父母认为，让孩子学习知识，拥有较高学历，以后孩子赚钱会相对容易一些。他们对于孩子将来如何轻松赚钱、如何赚大钱很是关注，却忽视了孩子情商的发展，这对孩子整体素质的培养极为不利。

让孩子学会赚钱固然重要，这毕竟关系到他们今后的生存。但是，让孩子明白要通过正当的途径获得金钱以及合理使用金钱才最关键。如果父母教育不当，让孩子变得唯钱是问、斤斤计较，这样的教育显然是失败的。

那么，如何引导孩子建立正确的金钱观念呢？在我看来，主要包括以下三点：

一、教育孩子如何正当获取金钱。

“君子爱财，取之有道”，从根本上说，父母要让孩子明白须通过正当的途径获得金钱。我们要对孩子进行全面教育，不能只教孩子赚钱的知识。

从目前的教育情况来看，小学基本没有开设理财课程，唯一沾边的是一年级数学课里认识钱币的内容。中学也没有开设专门的理财课程。可见，义务教育关注的是让孩子学到有用的知识，培养孩子健全的人格；至于理财，无须过早涉及。

二、培养孩子良好的人格。

随着社会经济的飞速发展，经商、赚钱开始变得越来越重要。但是，如果一个人只关心如何赚钱，那么他的人格是不健全的。生活中有很多的事情都比教孩子学会赚钱重要，比如培养孩子良好的德行操守，让孩子拥有一颗仁爱之心，成为一个高尚的人。

三、多和孩子沟通交流。

作为父母，一定要学会用心聆听孩子的心声，在理财方面，父母要关注他们对于财富、价值的认知和感受，给他们以正确的引导。同时，父母要全方位、多角度地培养孩子们的独立意识，帮助他们建立开朗乐观的性格，拥有一颗正直善良的心。

7. 树大自然直：放任孩子

有的父母一味放任孩子，强调这是对孩子个性的一种“放养”。不做专制的父母固然好，但是如果过分地放任孩子，也未必合适。一味地放纵，对于孩子的不良行为也视而不见，那么孩子的是非观念则会被混淆。随着孩子慢慢长大，其不良行为的纠正难度也相应增加。一旦某一天，那些不良习惯发展成为危害社会的犯罪行为，父母则悔之晚矣。

一次，一个朋友的孩子拿着彩笔四处乱涂乱画。朋友不仅没有制止，而且还鼓励她这样做，甚至放任孩子画到床单上。结果，第二天同事上班的时候，发现自己准备穿的一套职业装上被孩子用彩笔画满了奇怪的花纹，她气得哭笑不得。其实，这也不能怨孩子。如果朋友一开始就告诉孩子画画可以，但是不要四处乱画，特别不能画在衣服和床单上，可能就不会发生这种情况了。但当时她为了保护孩子绘画的积极性并没有这么做，最终只能自食其果。

其实朋友的做法是不恰当的。她当时应对孩子进行积极正确的引导，帮助孩子树立正确的观念，区分行为的对错。有些毛病虽小，但若不及时纠正，则可能酿成大错。

有的父母说，树大自然直，现在孩子小，等他长大自然就能明白道理、明辨是非。其实这种想法是错误的。如果父母对孩子从小放任自流，长大后孩子可能发展为刚愎自用、钻牛角尖的人，从而很难与他人和睦相处。父母应该清楚地让孩子知道，人生活在社会中是需要有所限制和约束的。只有具备自我约束能力的

人，才可能适应社会并成为翘楚。那么，父母如何养育孩子才能避免出现这种情况呢？

父母首先要纠正放任孩子的错误想法，不要把放任孩子当成是一种关爱。这样，才能从源头上杜绝放任孩子的情况发生。

对于孩子提出的不合理要求，父母一定坚决拒绝。当然，这样做需要父母具备一定的“功力”。家长不妨试试以下几种方法：

想办法转移孩子的注意力。在孩子提出不合理的要求时，父母可采用合理的方法分散孩子的注意力。比如孩子玩水，妈妈跟他说：“天冷玩水容易感冒，咱们出去打球好不好？小朋友都在外面玩呢。”孩子可能就会放弃玩水的念头，跟随你去打球。这样一来，问题就被温和地解决了。如果上述办法不行，也可采用暂时置之不理的办法，面对孩子不合理的要求表现出不予理睬的态度。即使孩子躺在地上打滚，父母也可以视若不见。孩子闹了很久，发现根本无效，就自会放弃。倘若孩子实在闹得凶，父母可以尝试用神情制止。沉默具有一定的威慑力，孩子看到父母严肃的眼神，多半就会老实一些。

如果以上办法都不行，还可让孩子在房间里独处一会儿。当然，房里不能有危险品，否则可能出现意外。另外，房里也不要有孩子能玩的东西，以防惩戒作用被削弱。孩子在屋里哭闹，父母的态度必须坚决，不要因为不忍心就进去哄劝。当孩子闹一会儿、感到没趣的时候，他就不会再固执了。必须注意，对孩子关“禁闭”的时间不能太长。同时，结束惩罚后，父母还是要跟孩子解释清楚为什么不能那么做，以及父母不同意的理由。

必要的时候，父母还可对孩子实行奖罚措施，给孩子两种选择：一种是不再闹下去，将得到物质或者精神奖励；一种是闹下去，将受到严厉的处罚。孩子在听清两种结果后，通常会趋利避害，放弃吵闹以获得奖励。此时是父母对孩子实行教育的最好时间。父母要抓住时机给孩子讲明道理，让他明白正当的要求父母会同意；不正当的要求，哪怕哭闹，父母也是不会同意的。

有时，孩子会难以理解父母的做法。比如父母出尔反尔，孩子就会表现得很固执。这当然是父母的错。父母在答应之前应充分考虑可行性，不要糊弄孩子，不是万不得已也不要违约。实在做不到时，父母要向孩子解释清楚。这也是对孩子的一种诚信教育。父母要时刻谨记，身教重于言传，父母既不能放任孩子，又要在约束孩子时注意讲清道理。比如孩子要求吃糖，父母在拒绝的同时，要告诉孩子吃糖多了会伤害牙齿。明了道理，孩子更容易服从父母的安排；明了后果，会降低再犯错的概率。

8. 社会太危险，孩子要保护起来

现在的家庭教育存在一种弊端：父母总是习惯于严实地保护孩子，不厌其烦地告诉他们：“当心，这样太危险，不能做。”如此，孩子生活在父母铸就的“铜墙铁壁”之中，养成处处依赖他人的习惯。

不可否认，社会上有潜在的危险，但并不意味着要让孩子永远躲在自己的羽翼之下。孩子在生长发育过程中，无论是体力还是智力都处于未成熟阶段，需要在相对复杂的环境中锻炼心智、增强体魄。比如幼儿身体器官娇嫩，神经系统脆弱，动作协调性差，所以练习走路时摔跤或弄伤自己是很正常的事。父母总不能因噎废食，不让孩子学走路。

由于缺乏生活经验，孩子常常难以感觉到危险的存在。从感觉陌生到适应社会，他们需要一个长期锻炼的过程。在这个过程中，父母的包办将剥夺孩子通过实践锻炼提高自我保护能力的机会，导致家庭成为培育小公主、小皇帝的摇篮。然而，孩子不可能一辈子生活在家中。等孩子长大走向社会后，很可能会由于缺乏自我保护意识而受到伤害。

中央电视台《人与自然》栏目曾播出这样一节纪录片——《北极熊的故事》。在冰天雪地的北极，北极熊妈妈带着两只出生不久的小熊锻炼着各种生存本领。众所周知，北极的光照时间特别短，熊妈妈必须在不足四个月的时间内教会熊宝宝生存的本领，包括获取食物、躲避猛兽、抵御风寒、嬉戏游玩等。在如此艰苦的条件下，小熊很快就学会了妈妈所教的本领，适应了北极的生活。

北极熊的故事给我们人类的教育很多启示。如果熊妈妈对孩子实行过度保护，那么它们不可能在短短四个月的时间里继续锻炼并生存下来。熊妈妈的教育是一种成功的生存教育。它在教自己的孩子们如何去保护自己，如何应对危险，而不是给孩子撑开保护伞。父母今天对孩子的过分保护，终将造成明天的伤害。

现实生活中的家庭教育大多是封闭式的，对孩子的保护可谓无微不至。一方面是在生活上从头到脚地进行包办，使得孩子缺乏独立性，人为地切断孩子成长的必经之路；另一方面是在行为上里里外外包办，导致孩子严重依赖父母，离开父母便寸步难行。这样的孩子长大后，面对瞬息万变的现代社会，或退缩躲避，或自信固执，或绝望失常，但最终结局只有一个，即被冷酷的现实所抛弃。

过强的父母与子女一体感，进一步导致家庭中的过度保护。我的表妹就是一个典型例子。也许是受传统文化的影响，她把孩子的快乐当成自己的快乐，把孩子的忧伤当成自己的忧伤。她曾经对我说，我把孩子当成生活的全部意义所在。孩子考了低分，她就像自己做错事一样难过；孩子成绩好，她就非常开心。更过分的是，如果孩子参加活动，她往往不惜一切代价跟随前往。一次，学校安排孩子们去公园义务劳动，表妹就头顶骄阳、焦急不安地跟去了。幸亏她被老师拦住，不然肯定要替孩子干活的。

身边像我表妹这样的父母有很多，他们几乎想代子女生活。这种过度的保护会让孩子遇事手足无措，容易感到紧张。父母总是有诸多担心，比如孩子们趴在地上玩，父母就会怕他们把衣服弄脏；孩子跟伙伴出去玩，怕被欺侮……无论孩子做什么，父母都不放心，要么不让参加，要么像保镖一样在后面跟着。如果孩子稍微有点调皮的举动，不管有没有危险，父母一般都会出言阻止。孩子的好奇心和冒险精神就这样被生生扼杀在摇篮中。这样的孩子到了少年、青年期，容易变得社交无能，害怕与人交往，难以适应社会。

要改变现状，父母就必须给孩子提供一个独立成长的空间。父母要学会放手，才能让孩子真正独立。父母无法替代孩子走过“锻炼”这个过程。当孩子为融入社会做出尝试时，父母要做的是鼓励而非保护，鼓励他们积极地适应，鼓励他们主动地改变。只有这样，孩子才会生出自我保护的“膜”，以应对来自社会的危险。在这个过程中，孩子将真正成熟起来。

9. 事不关己，高高挂起

现在社会上有一种不太好的风气，那就是漠然。事不关己，高高挂起，绝不多管闲事。然而，父母在这样做的时候，有没有注意到你的孩子正在一旁悄悄地注视着你呢？

孩子告诉父母，小区绿化带的水龙头坏了，父母不仅没去修理或者给物业打电话，还告诉孩子别多管闲事；公共汽车上有站不稳的老人，父母佯装看不见，不让座，还用眼神制止孩子让座……这样的例子数不胜数。我们都知道父母的行为将对孩子产生潜移默化的影响，如此教育，父母将从孩子童稚的心灵里拿走爱心的种子，使我们的孩子一天天不可避免地变得麻木、自私。

父母是孩子的第一任老师，其言传身教对于孩子的一生发挥着重要的影响。如果父母处处保持事不关己的心态，孩子将悲哀地成为他们的复制品。

曾有对父母很自私自利，久而久之，孩子也成为同样的人。大学毕业后，孩子进入某企业做文员。一段时间后，由于工作出色，上级决定提拔他。任命文件下达的前一天，有个人到公司询问他相关经营情况。他随口就回了一句："我只是来打工的，领导要我干什么就干什么，至于其他的，不关我的事。"

客人被这种事不关己、高高挂起的态度惹恼，直接到客服部投诉。结果，他当然不能升职，还丢了工作。离开公司时，他想起父母对自己的教育，心中懊悔万分。就因为这种"事不关己，高高挂起"的训条，他才得到今天这种结果。一句"这不关我的事，我只是个打工的"让他失去一次改变自己命运的机

会，长此以往，他的前途将不容乐观。

从孩子的未来着想，在工作或生活中碰到一些与自己没有直接关系的事情时，父母都不要着急撇清关系，做一个置身事外的“旁观者”，而应积极、主动、尽己所能来帮助别人。因为你的行为就是孩子的标杆，将对他起到至关重要的示范作用。

如果父母屡屡在孩子面前表现出一种事不关己、高高挂起的姿态，那么孩子也会在潜移默化中受到影响，渐渐严重缺失社会责任感，这种性格将伴随其一生。即便在学习过程中，孩子表现出这种冷漠的态度，也极不利于他今后的成长。孩子会难以融入群体，变得孤僻，延伸到以后的人际交往中，也会表现为一种交往障碍。

有位朋友来玩，曾跟我谈起自己孩子的教育问题。一天，他和儿子在一起看电视，看到某个战争题材的故事时，孩子非常感兴趣，看得津津有味。孩子还小，根本不懂得战争对于国家和人民的意义。如果朋友对此漠不关心，自然也就失去了教育孩子的绝佳机会。但是，他一本正经地对儿子说，“男人就应该这样，国家需要时，就应该上。”听了这话，我很感动。这位朋友事业成功，家庭也很幸福，这与他从小接受正面的影响和教导不无关系，而他又正在把这种影响传递给他的孩子。因此，只有父母摒除“事不关己，高高挂起”的思想，给孩子传授爱的意念，让孩子从小就在充满爱的家庭中成长，孩子的人格品行才不会偏离正道。

作为孩子的第一任老师，父母要帮助他们树立正确的是非观念。

父母就算再忙，也一定要抽出时间和孩子沟通。父母要有责任心，随时了解孩子心里的想法；要言传身教，用自己的行为告诉他们什么才是正确的。比如当父母和孩子在公园的路上看到一张废纸时，父母弯腰捡起废纸扔进垃圾箱的行为，就告诉了孩子一个道理：爱护环境，人人有责。这个行为比一千句枯燥的说教都见效。

总而言之，父母要顾及孩子的感觉，多将注意力放到孩子身上，而不是简单粗暴地解决问题，在孩子面前做不良示范。父母正面的示范是一种很好的教育方式，会给孩子留下很深的印象，从而达到事半功倍的效果。

10. 还是别人家的孩子好

有些父母有一种心理，那就是总觉得别人家的孩子好。这种心理直接反映在语言行动上，表现为父母常常跟自己的孩子说谁谁家的孩子优秀、谁谁家的孩子懂事。他们这么说的时候，往往没有考虑到孩子的感受，没有想到孩子的自尊心一样强烈。父母的这种心理其实是有害的。“别人家的孩子好”的心理一旦产生，将渐渐辐射至生活的其他方面。我们会开始觉得自己的伴侣没有别人的好，自己的父母没有别人的好，自己的上级没有别人的好，自己的员工没有别人的好……凡此种种，我们就会形成一种偏盲心理。而孩子也会被我们感染，时间一长，他们也变得处处挑剔，特别是挑剔自己身边的人。可想而知，这种心理会给自己、给孩子的人生带来多大的困扰。

纠正偏盲心理，首先要多看身边人的长处，总结身边人的优点，给自己一些良好的心理暗示，以愉悦的心理对待身边人。时间久了，我们会发现孩子、老公、公司、员工原来都挺好。

在我国传统习俗中，谦虚是一种美德。有些父母为表示谦虚，很喜欢在自己孩子面前随便夸奖别人家的孩子。

有一次，我听到一位妈妈跟人聊天，当着孩子的面很随便地说：“啊！你家的孩子真可爱，真乖，不像我家露露整天吵吵闹闹，只会淘气，让人心烦。”一旁的露露脸上立刻露出不高兴的样子来，她瞪大眼睛怯生生地说：“妈妈，我乖。”不料妈妈却大声驳斥：“乖什么乖，就知道淘气烦人，一边

去！”后来，她的妈妈发现露露发生了很大的变化，更加胆怯内向。她不再喜欢和妈妈在一起，更不喜欢别的小朋友出现在妈妈面前。究其原因，就是露露妈妈随口而出的夸奖别人家孩子却贬损自己孩子的几句话，这些话让孩子幼小的心灵深受伤害。

所有的孩子都认为父母最爱最疼的是自己，一旦听到父母夸奖别人的孩子，就容易误解为父母不爱自己或最爱的不是自己了，由此就会产生很强烈的失落感。

爸爸妈妈总认为孩子还小，什么都不懂，更谈不上什么自尊心。殊不知，自己有口无心的话很可能影响孩子一生。孩子们不仅能听懂，而且还会在心中产生强烈的反应。他们同样有很强的自尊心，同样十分珍视自我。所以，父母必须注意这些“小事”，否则会于无形之中严重伤害自己的孩子，导致孩子心理失衡。

当我们觉得别人家的孩子好，对着自己的孩子夸别人家孩子的时候，为什么不认真想想自己孩子的长处呢？难道我们的孩子真的就一无是处吗？如果我们能经常适度地夸夸自己的孩子，相信我们和孩子都会更加快乐，关系也更加亲密。

父母常常会犯这样的错误，总能一眼看见别人家孩子的优点，但是对于自家的孩子，却往往反应迟钝、熟视无睹。父母不遗余力地夸赞别人家孩子的优秀，却从来吝于给自家孩子一句真心的赞美；父母宽容对待别人家孩子的不良表现，却对自家孩子要求十分苛刻，容不得一星半点的错误。如果父母总是这样做，那么自家孩子的优点就会在长期自信心受打压的状态下渐渐消亡。当然，不排除很多父母这样做是为了激励孩子，让孩子戒骄戒躁，早日成材，所以哪怕是在别人赞扬孩子的时候，我们也很谦虚地说：“哪里哪里，我家孩子哪有那么好，我家的孩子毛病特别多，比如说……”虽然初衷可以理解，但他

们似乎忘了站在孩子的角度想一想，究竟什么才是孩子需要的。

难怪有位教育专家在一次公开课上曾经这样讲过，“在成长过程中，我们会有这样一种经历：在身边有一种人，他不玩游戏，不聊QQ，天天就知道学习，回回年级第一；琴棋书画样样精通，家务件件拿手，从不用父母操心——他就是自己父母口中的‘别人家的孩子’。”听来好笑，但却是事实。

相当一部分孩子表示，只要父母一提起别人的孩子，自己就会感到压力很大。有的孩子更因此变得讨厌父母。父母总拿自己的孩子与别人家的孩子比，容易让孩子腻烦，孩子从而不愿听父母的话，变得逆反，甚至真正成为父母口中的“坏孩子”！

所以，奉劝各位父母把孩子的自尊看得重一些。自己的孩子同样需要尊重和赞美，这将是他们奋发的动力源泉。做到这些，其实你已经给了孩子最宝贵的东西。

第2课

好父母不该有的10种恶言语

好话一句三冬暖，恶语伤人六月寒。父母往往会忽视恶言语对孩子造成的伤害，因为这种伤害隐蔽而不易被人察觉。它恰似潜伏在身体里的伤病，表面看似安然，内里却波澜起伏、隐隐作痛。父母必须克制自己的情绪，尽量避免给孩子的心灵种下病根。

1. 总是把粗俗言语挂嘴边

有些父母在外面像个文明人，回到家当着孩子的面却总是把粗俗言语挂在嘴边。这样的父母觉得在外面必须保持良好的形象，在自己家里则无所谓，脏话张嘴就来。殊不知，这样将对孩子产生很坏的影响。

孩子尚小，往往会有意无意地模仿大人的行为，以大人的动作为风向标。他们还没有明确的是非观念，会对大人说的粗话产生新奇感，于是模仿着讲粗话。

当父母发觉自己的孩子整天出口成“脏”的时候，往往会极为生气。有的父母反应更强烈，发现孩子讲粗话后，立即拳脚相加，毫不客气。但是，他们却没有想过反省自身。试想，在一个言语粗俗的环境里，如何能培养出文明礼貌的孩子呢？自己成天在家高呼乱骂，怎能期盼孩子“出污泥而不染”？

我的邻居文化素质不高，特别是父亲，说话间总是有意无意地带脏字。每当这个时候，他的孩子就觉得很有意思，于是学父亲的语气讲话。久而久之，孩子也养成了说脏话的习惯。当父亲的巴掌落在孩子的身上时，孩子非常委屈，他嘟着小嘴说：“爸爸，你不是也经常这样说话吗？为什么你能说，我不能说呢？”

爸爸顿时哑口无言。经过认真反思，他觉得自己真的错了，给孩子当了个坏榜样。后来他自己慢慢调整，脏话逐渐从他的嘴里消失，孩子也随之改变。可见，父母的言行无时无刻不在对孩子产生着影响。

当然，父母要想朝夕间改变自己讲脏话的习惯很不容易。但为了孩子，

改变势在必行。一方面，平常父母可以多看一些好书，提升自己的修养，还要时刻提醒并控制自己不讲脏话。在孩子的面前，更是如此。另一方面，父母听到自己的孩子说脏话时，不必惊慌失措，也不必气急败坏。父母要冷静、严肃而不凶悍，用正常的语气和孩子说话，帮助孩子分析说脏话的本质，告诉他对错，让他明白为什么是这样。这样一来，孩子会意识到此行为并不光彩，从而渐渐自觉地进行纠正。

某天我们恰巧碰到孩子说脏话，我们需要耐心地跟他说：“孩子，你刚才说的那句话，用的词很不好，你知道我说的是哪个词吗？”如果孩子意识不到，我们可以指出来并明确告诉他，如果别人听到他说那个词，会很不高兴。接着，父母可继续激发孩子的自尊心，“你愿意让别人看不起吗？”孩子当然不愿意。于是，这个纠正说脏话的语言启发式教育方法就会发挥一定的作用。

让孩子改掉说脏话的坏习惯的方法还有很多，但父母自身树立一个正面的形象、保持语言的纯洁是首要的。只有如此，父母才有资格和孩子们谈论不说脏话的问题。

日常生活中，父母可训练孩子使用幽默的词语来代替脏话，要让孩子发现言辞幽默的魅力。哪怕是生气的时候说的激烈言辞，如果带着幽默，也更容易让人接受而非有辱视听。有的孩子对同学说：“×××，你说话像放屁，昨天说今天和我一起玩羽毛球的，怎么今天变卦了？”同样的意思，父母可以告诉孩子这么表达：“你昨天说今天陪我一起打羽毛球的——难不成昨天是 4 月 1 日吗？”小孩子通常都知道 4 月 1 日是愚人节，立刻就会明白你的意思。当然，有的孩子确实年纪还小，幽默这种方法对他来说有些吃力，但也不妨试试。毕竟孩子有个努力的目标，就更容易改掉说脏话的习惯。同时，父母要经常和孩子互动，要知道幽默是可以传染和学习的。

此外，有时孩子发现父母忙于工作而忽略了自己，会故意说脏话来引起父母的注意。因此，父母需要给予孩子足够的关注和爱，用自己的爱去感染孩子，每天至少留出半小时来和孩子相处，说说笑话或者玩玩小游戏。父母的爱会让孩子感受到亲子相处的愉快，久而久之，孩子也没了说脏话的理由。

语言水平的高低往往是一个人综合素质的表现，能反映一个人的思想道德观念和文明程度。如果父母喜欢讲脏话，那么上行下效，就不要指望孩子们能讲话文明了。而且，家庭是社会的细胞，对社会将产生重要的影响。如果多数家庭文明程度低下，那么整个社会的文明也等于烂了根。

孩子的成长需要父母正确进行引导，为了孩子和社会的未来，父母一定要给孩子创造一个文明健康的环境。言语美是家庭教育的一个重要方面，言传身教是教育孩子最好的方法。

2. 轻易说看不起孩子的话

孩子小，喜欢听人赞美。父母言语状似无意，但若说得不合适，则可能会对孩子产生负面影响。可有的父母偏偏喜欢说一些看不起孩子的话，诸如“你怎么这么笨”之类，也不管孩子能否消化。

当父母任由那些消极悲观、毫无根据的话从自己嘴里蹦出来以表达对孩子的蔑视时，孩子的自尊心已被深深伤害。父母是孩子眼中的权威，仅仅一句话，就会让孩子有被否定的感觉。然后，他们可能会灰心丧气，失去信心。研究发现，通常情况下孩子不仅对别人评价他的头脑敏感，容貌方面亦是如此。父母或许只是无意中说起“你鼻子那么大”“你的脸那么胖”，但孩子已受到打击。有些个性极端的孩子，甚至会有自尊被严重伤害的感觉，从而自暴自弃，走上歧路。

或许有人会说没那么严重，但已有很多活生生的例子能给予证明。一些孩子自杀的新闻经常见诸报端，究其原因也多是由于孩子被老师或父母否定。不幸一旦发生，再做什么都于事无补。一些调查数据也显示，很多少年犯就是因为经常被父母轻蔑的言语所打击，从而失去自信，最后决定破罐子破摔。不论孩子多大，父母对他的否定都将让他的精神受创。对于幼儿则更加严重，因为他们往往把父母的话奉为圣旨，对父母的话深信不疑。

然而，很多可悲的父母却没有意识到自己的话将对孩子产生多大的影响。孩子学习稍有问题，父母马上口出恶言：“笨蛋，长大了也是一个废物！”或者说：“你长大了只可能去扫大街！”这些气话让孩子自尊扫地，自信荡然无存。同时，在这些语言的暗示下，孩子对现在和未来都失去希望。

曾在日本NHK电视台工作的妇女少年部部长江上藤女士，童年时期的她很在意自己的外表。由于外表不出色，她羞于和人打交道，非常自卑。幸好乡下一位爷爷的来访无意中把她从自卑感中解救了出来。那天，她为刚落座的老人端来一杯茶水，老人很高兴，当着很多人的面说：“这孩子多招人喜欢呀!”她听后非常高兴，此后努力在行为方面做到更好，让别人对自己有一个好印象，渐渐地就不那么自卑了。爷爷的赞美虽属无意，但对江上藤而言却意义重大，让她从自卑感中走出来。否则，她不可能有今天的成就。

从以上例子可以看出，父母无意的话会让孩子有心听之，进而影响孩子的一生。因此，为了培养孩子积极自信的性格，应发掘孩子的闪光点，多多给予孩子肯定。这对孩子非常重要。父母只要暗示“你的头脑很聪明”“你一点儿都不比别人差”“你是一个很用功的孩子”，孩子就会不断地发奋进取。

一位文学大师回忆自己的童年时说：“我的母亲是一个迷信的人，对算命先生所说的话深信不疑。她经常挂在嘴边的一句话就是：‘你将成为一个大人物，你长大后将成为一个著名的作家。’由于妈妈经常这么说，我也就信以为真了，觉得自己是一个了不起的人，将来会成为作家。于是我不停地写，一直写下去，哪怕遇到退稿，我也坚信自己一定能成功。每天起床的时候，我都在心里高声呐喊：‘你一定能够成功的！’你们瞧，现在我正好实现了妈妈的预言。”

此外，从理论上来讲，孩子心中普遍都有一个希望，那就是“以后会成功”。正因如此，在做事的时候，孩子往往表现出一种强烈的积极向上的态度。神童世间少有，多数孩子智力平平，且经常会犯错误。当他们犯了错惹妈妈生气时，往往期望得到包容而非指责。孩子成功完成某件事，也会期望从父母口中听到称赞自己的话。父母的话为什么会对孩子有深刻的影响呢？从心理学来说，这是一种暗示效应。翻阅一些名人传记，我们不难发现身边亲人的暗示效应在那些优秀人物的成长过程中所起的作用，他们的一生由此改变。

总而言之，父母不应轻视孩子，随口说出伤人的话。而鼓励赞美的话也绝不可小看，它就像一支强心针，可让孩子的心灵得到有效的治疗，消除自卑，自信地面对这个世界。

3. 面对孩子的错误一味指责

看过《卡尔·威特的教育》这部著作的人或许知道威特教育儿子的一些故事。每当儿子犯了错误，处于痛苦和失落之时，威特就会对他说："你一定行的，我相信你。"威特从来不认为孩子的错误需要不断指责与批评。在这位伟大的父亲眼中，孩子毕竟是孩子，弱小的他很多时候会犯一些无心之过。此时，父母应尽可能地帮助和支持他，帮他分析犯错的根源，然后教他改正的方法。只有让孩子充满信心，不断调整自己的行为，他才能拥有足够的勇气应对未来的挑战，才会赢得幸福的人生。

小威特在童年时期经常犯错误。每当他犯了错误，他都会战战兢兢地等待父亲的惩罚。有一次，小威特把他写的第一篇文章递给自己的父亲威特。父亲扫了他一眼，发现儿子精神紧张，两只手不停地搓来搓去。父亲感到很奇怪，于是打开了儿子的练习本，认真看他写的作文。儿子的作文简直可以用一塌糊涂来形容，不仅句子不完整，而且还有很多的错别字。如何来评价它呢？父亲显然很为难，一味斥责肯定会让儿子不开心，说不定还让他从此失去信心。在儿子极为不安的眼神里，威特考虑许久，终于打破沉默。他很诚恳地说："非常不错，这是你第一次写作，爸爸刚开始写作的时候比你差远了。"这时，儿子的眼睛中闪烁出兴奋的光芒。这句话让儿子感到，自己没有尽全力都可以写得这么好，如果尽全力了，那么将会更好。

于是，他第二次把作文交给父亲的时候，所写的文章水平已经有很大进步。这

就是鼓励和夸奖的功效。“自信”是信心的基础，没有自信，谈不上信心。通过有效的夸奖比较容易培养孩子的自信，对孩子的健康成长非常有益。反之，大人如果揪着孩子的错误不放，对孩子一味指责，那么无论他是否知错，都可能被父母的冷言冷语打击得没了自信心，做其他事也就没了激情。卡尔·威特在对儿子的教育中深深地感到：最重要的教育方法就是要用语言鼓励孩子，使孩子自己相信自己。

有位朋友曾向我讲过这样一件事情。他说，有一天下午，放学很久了，孩子却还没有回家。他很着急，于是到学校找老师询问。结果老师告诉他，孩子在补作业呢！

啊！被老师留下了？同事觉得很奇怪，这是为什么呢？难道是因为孩子没有完成作业吗？但是朋友想起来，儿子的作业是他自己一项一项检查的，不应该出问题的呀！想来想去，仍是毫无头绪。等儿子出来后，他开口询问孩子。

孩子低声诉说了事情的原委。周末，儿子跟着他到父母家探望老人。奶奶拿了三块巧克力给了儿子。儿子先吃了两块，剩下的一块便放进了衣服口袋里。第二天上学的时候，他忘了掏出来，恰巧被同桌发现他口袋里的糖，同学将此事告诉了老师。因为学校明文禁止学生带糖到校，所以老师非常生气，罚他抄 10 遍生字以示惩罚。

吃晚饭时，儿子一点儿也不想动筷子，还突然哭出了声。朋友很认真地告诉孩子：“我已经了解清楚这件事不是你故意犯的错，但是以后你做事要更仔细些。别担心，在爸爸的眼里，你依旧是个优秀的孩子。”闻听此言，孩子止住哭泣，开始吃饭，先前的不痛快一扫而光。第二天，他继续信心百倍地去上学了。

有位教育家曾说过，无论是好孩子还是坏孩子，都诞生在父母的语言中。这句话非常有道理。父母的话，对于孩子的成长发挥着重要的作用。

然而，有些父母喜欢无事生非，把自己的不良情绪强加到孩子头上，比如指责孩子笨、犯错屡教不改等，完全无视孩子的优点和进步。孩子还小，不能明辨是非，因此难免会犯一些小错误。父母一定要注意，面对孩子的错误，千万不要一味指责。因为孩子极为看重父母的话，如果犯错时听到的总是父母严厉的训斥，会让孩子情绪低落，从而丧失自尊和自信，至于改错的勇气，更是无从谈起。

日常生活中，父母要尝试对孩子进行挫折教育。父母要告诉他们，生活中处处都可能会遇到挫折，最重要的是具备战胜挫折的决心。在犯错或是失败后，我们要马上振作起来，想法弥补并总结经验教训，以后不再犯同样的错误。亡羊补牢，犹未为晚。父母应当用沟通代替责骂，帮助孩子正确理解失败的意义，教孩子勇敢地面对挫折，用坚强、勇敢、乐观、向上的心迎接新的挑战。

4. 用言语打压孩子

现实生活中，孩子经常会有一些奇奇怪怪的想法，有时甚至给人一种很荒唐的感觉，无半点逻辑可循。这时，父母切忌用言语进行压制，因为这些想法是孩子创造力的一种表现。倘若加以鼓励，让孩子尝试去实践，可能是培养孩子创新意识和能力的绝好机会。

然而，有的父母会不加分析地阻止和训斥孩子，一口否定他的行为，把孩子的创新意识扼杀在摇篮之中。他们会说："这么脏，快扔了!""别胡闹了，这样不行!"这些阻挠性的言语不仅让孩子的心灵受到打击，还削弱了他们对外界探索的好奇心和能力，进而损伤他们动手的积极性和主动性。

波兰儿童心理学家加林娜·菲利普立克如此论述儿童的想象力："想象力的发育是与思维和记忆的开发，以及孩子的情绪和心境紧密联系在一起的，它在孩子认识世界的过程中起着重要的作用。"

由此，我们可看出想象力的重要性。假如父母对孩子的想象力进行压制，会打击他们认识世界的积极性。每个人都有自己的生活乐趣，孩子也不例外。孩子有一些有趣的想法，也代表了他们的乐趣所在。如果孩子的想象力得不到充分发展，将很难取得有创造性的成就，不但做不了诗人、画家、发明家，也当不成科学家、建筑师等，那么社会前进的脚步将难以为继。

小时候，希林很淘气，经常冒出各种稀奇古怪的想法，并把这些想法讲给父母听。每当他讲述的时候，父母总是露出一副感兴趣的样子来，认真倾听。

在他们看来，孩子的想法很新鲜，富于想象力。他们从来没因为孩子有一些超常规的想法就进行嘲笑和讥讽。在父母的鼓励下，希林对电学方面产生了浓厚的兴趣，并且这个兴趣跟随了希林一生。工作后，因为兴趣，他继续研究电学方面的知识。1822年,希林受当时种种电学发明发现的启发，提出一种假想：磁针有电源通过时会产生偏转，电流的强弱能决定磁针偏转角度的大小，磁针偏转角度的变化又可以传达种种信息。那么，能不能利用这种基本特性研究出一种电磁电报机呢？他决定把自己的想法变成现实。经过不懈努力，他最终研制出了人类历史上第一台电磁式单针电报机，还发明了一套电报电码。这个事例充分说明，敢想才能有所为。

现实生活中，我们应该包容孩子的奇思异想。因为当孩子在思维上“不听话”的时候，他就会有自己独特的想法和发现。父母所要做的是保护孩子的想象力，从而激发孩子的创造力和践行力。父母给孩子一个“不听话”的空间，满足他们具有独立想法的意愿，也是对他们想象力的一种保护。

当然，父母不可能对孩子的想法百依百顺，但要明白须尽力保护孩子的思想。虽然这些想法偶尔会有些离谱，但却正是孩子具有创造潜力和发展前途的表现，也是最需要父母引导的关键所在。父母的鼓励将会充分激发孩子的创造性思维。

那么，父母该如何让孩子保持独特想法，保护孩子的思维自由发展呢？我们不妨从以下几个方面努力：

一、不用成人的思维对孩子进行教育。

虽然孩子具有丰富的想象力，但毕竟他们的思想还很不成熟，考虑并不周全。父母听到这些想法时，不要以成人的眼光来评判是否合理。对于孩子而言，这些想法属于他们认知这个世界的思考或结论，说不定以后会成为各种伟大发明的导火索呢！

二、保护孩子的想法。

父母要学会尊重孩子的创造性思维，即使孩子的想法实在荒谬，也不能不分青红皂白地横加干涉，而应当理解和鼓励孩子，合理进行引导。否则，孩子的创新能力将会被无情扼杀。而且，父母让孩子勇敢地说出想说的话，对于孩子的健康成长具有重要作用。

三、学会换位思考。

其实，每个人都从童年时期走过。父母要尝试转换一下自己的角色，想想自己小时候是不是也曾有过这些看似很怪异的想法，认识到这些想法很多时候正是创造力的体现。事实上，每个孩子都有巨大的潜能。如果父母能换位思考，理解和赏识孩子的各种想法，并及时适当地加以引导，那么孩子成才的机会将大很多。

5. 把威胁孩子当成习惯

孩子不听话，很多父母的反应就是勃然大怒，然后用各种恐怖的话来威胁孩子。这样做通常收效甚微。父母喊得声嘶力竭，而孩子则往往大哭大闹，接下来父母又开始懊悔。所以，父母一定要学会控制自己的情绪，寻求更平和的解决方式，而不是把威胁孩子当成习惯。如果你能试着让自己在三分钟之内平复情绪，那么久而久之，威胁孩子的习惯将一点点被改掉。

事实上，父母对于孩子的行为进行规范，主要目的是为了传递我们的价值观，让孩子学会自律。所以，当孩子犯错时，我们首先要做的是控制自己的情绪，而非习惯性地威胁打骂孩子，这是让父母保持理智的基础。

举个例子来说，当孩子爬到窗台上时，我们肯定明白孩子正面临危险。这时，我们的第一反应是什么？

如果我们的第一反应是发怒威胁孩子，那么我们可能会说：“你再爬！你要是再爬，你会掉下去摔死的！”孩子听到此话后心惊胆战，继而在我们的威胁之下往下一看，头晕目眩，他一害怕手一松……当然，我们谁也不希望这种事情发生。但是如果这种事情发生了呢？将如何收场？

因此，我们的第一反应是要控制自己的情绪，先把孩子从窗台上抱下来。如果孩子的违规行为危及他的安全，应该马上采取行动进行干涉来保证孩子的安全，而不是站在那里大声说一些可能会产生负面效应的话。父母应当明白，威胁孩子只会让他的情绪更加烦躁。

再来看另外一个例子。我们没留意的时候，孩子爬上了柜子。然后，他抱着一盒点心吃了起来，弄得柜子上、衣服上及地上全都是碎屑。这时候，我们该怎么办呢？是不是威胁他“你敢再吃，你再吃我揍你”？也许此时孩子嘴里塞满了食物，一着急就哭了起来，可能会呛着自己，发生危险。

因此，此时我们保持冷静十分重要，然后理智处理眼前的事情。我们说的话，孩子一定会做出反应，不管他们是否受教，都会意识到怒气。当然，并不是说我们丝毫不能发泄怒气，而是说要注意方式。如果我们想大喊，千万别喊：“你这个捣蛋鬼！”可以喊：“啊……”或者“天哪！”这样我们既发泄了怒气，又不会令孩子觉得受到伤害。

也许有的父母会说，这听起来好像没有什么区别啊！其实不然。如果我们做的是前者，那么会让孩子处于情绪暴力的威胁之下；而后者则只是单纯的情绪发泄，对孩子不会有太大影响。冷静一下，我们不仅可以更好地处理问题，而且对于孩子的情绪也将起到一种安抚作用。这对于孩子将来性格的形成同样具有重要的意义。

冷静是控制情绪的第一要点。我们要想改掉威胁孩子的习惯，首先要学会冷静。事实上，冷静不仅能帮助你更好地解决问题，且更容易让孩子听你的话。面对一个大喊大叫的妈妈，孩子更多注意的是妈妈怒气冲天的状态，而根本不清楚她到底喊了些什么！这不仅是心理学家分析出来的结果，也是儿童教育专家得出的结论。当然，我们不是不可以惩罚犯错误的孩子，而是可以在事后采取各种方法来让孩子弥补过错，比如让他做家务等为自己的错误负责。

其实，很多时候孩子根本不理解妈妈为什么这么生气。比如孩子不舒服不想吃早餐，但是妈妈可能就认为孩子在挑食。妈妈清晰地思考和分析问题非常重要，不要轻易下结论。不问情由，一味威胁孩子，施行情绪暴力，这对孩子来说是一种非常糟糕的体验。

作为父母，一定要努力做到就事论事。威胁孩子是非常不明智的。另外，有的父母的威胁是根本不可能兑现的。比如说“你再这样，我就把你送给别人”等等。当他真的这样做了，你能兑现吗？当然不能！小孩子的逻辑性很强，一看父母就是吓吓自己，时间长了，这种威胁便会无丝毫效力。而你平白伤了孩子的心，又降低了自己的威信，得不偿失。父母明白这个道理后，想必不会再说出这种不明智的言语。

6. 吵闹不回避孩子

孩子的教育是由父母共同完成的功课。如果父母总在孩子面前吵闹，裸露所有的矛盾，一定会对孩子的成长产生负面影响。

我曾听朋友说起这样一件事情。小李的父母从结婚起就开始吵架，无日无休。早上起床第一件事不是吃早餐，而是打架，且这一切从来不避讳小李。时间过得很快，一晃二十多年过去了。小李的父母本以为自己的儿子长得帅又有才华，生活一定会幸福，但是小李的生活却很让他们失望。小李的妻子对小李非打即骂，终日吵吵闹闹，他们的生活活脱脱是小李父母的翻版。

其实，小李的事情并不是个案。很多夫妻整天吵闹，经常因为一些鸡毛蒜皮的小事就打架，这样不仅影响别人，而且会搬石头砸自己的脚。对孩子而言，父母关系不好，他就不能安心学习。他总担心父母是否又会吵架，而且当他看见别人的父母和睦相处、有说有笑时，就会眼馋羡慕。他多希望自己的父母也能这样啊！长此以往，这种不和谐的家庭环境将对孩子的学习和性格成长都产生不利影响。

可见，父母与孩子应该构成一个稳固的三角关系。三个人分别是三角形的三个顶点，三者之间的情感距离相等。一个家庭只有这样，才会平衡并有利于孩子的成长。当父母疏远孩子，孩子会感到孤独与失落，从而缺少安全感和信任感。将来走向社会，他也可能会刻意与他人保持距离。在很多家庭中，常常形成这样一种模式，即丈夫忙于工作应酬，而妻子更多地留在家中。这样一来，孩子与母亲的关系就会亲密一些，与父亲就会疏远一些，从而将给培养孩子形成独立健全的人格增加难度。

而且，倘若父母经常在孩子面前吵架，会给孩子一种父母关系紧张的印象。家庭矛盾多，会对孩子形成负面影响。夫妻吵闹，家庭中充满负面情绪，孩子易压抑、恐惧、自卑，或形成仇恨情绪甚至暴力倾向；严重者，在家庭之外寻求慰藉，如早恋、染上网瘾等等。相信无论哪位父母，都不希望看到自己的孩子出现这种现象。

另一方面，对于孩子而言，学习如何正确地待人接物极为重要。而孩子在人际交往方面的第一位老师，就是自己的父母。家庭是孩子的小社会，父母的相处是孩子的一门潜移默化的“修养课”。孩子本能地模仿学习父母，形成自己与人相处的方式。夫妻恩爱并相互尊重，孩子也倾向彬彬有礼、充满爱心。

父母切不可当着孩子的面争吵，要尽量给孩子营造一个安宁和谐的家庭环境。和睦家庭成长起来的孩子，多有稳定的安全感和归属感；性格多乐观、自信、诚实；遇到困难，多采取积极的应对方式。

父母关系的好坏，都将会在孩子的思想中留下印记，影响孩子将来对待异性的方式及对待婚姻的态度，给孩子将来的婚姻提供一个参考模型。在很大程度上，好则好矣，恶则恶之。父母也需要学习，如果缺乏足够的理性和良好的沟通，则很难有一个较高的婚姻质量。一旦有了孩子，父母就要尊重孩子的存在，考虑家庭氛围可能对孩子形成的影响。父母应创造良好的家庭氛围，千万不可不加控制地释放自己的负面情绪，从而影响孩子的心理健康。

7. 用哀求的口气请求孩子

有的父母在孩子面前表现得非常弱势，一旦孩子不听话，就用哀求的语气请求孩子。我们经常看到这样的情景，为了让孩子吃饭，父母端着个碗跟在孩子身后跑来跑去，哀求道：“我的小祖宗啊，你吃点儿吧！”

然而，父母越是这样，小孩子往往越不听话。这种教育方式于孩子的成长极为不利。

从理论上来说，每个人都希望得到别人的重视，小孩子也不例外。但是，我们用哀求的语气来请求孩子，本身就已经是对自己和孩子双方的不尊重。其一，你没有尊重自己的人格，把自己放在一个可怜的位置；其二，你用的是一种哀求的语气，没有给予孩子一个平等的身份。父母为得到孩子的顺从而哀求孩子，这种做法极不可取。

有一次，我去朋友家串门。朋友的妻子给孩子喂饭，孩子四处乱跑，对于妈妈的乞求置若罔闻。于是，朋友的妻子只好无奈地看着朋友。朋友说：“你不要哀求他吃饭，他过一会儿饿了，自然要吃。到时，正好可教育他一下。”

听了这话，朋友的妻子便不再着急了，任孩子在那儿玩。果然，没过多久，孩子就跑过来要吃饭。但朋友很严肃地说，现在已经过了午餐时间，晚餐时间还没到呢，因此，现在没有饭吃。孩子很难过，只能承受自己淘气行为带来的后果。经过这件事情后，孩子变得按时吃饭，再不用父母苦苦哀求。

在我们身边，这种事情时有发生。父母要求孩子按时吃饭、学习等，孩

子一不乐意，父母就束手无策，只好以乞求的方式来应对，然而收效甚微。面对这类事件，父母一定要保持理智，用清醒的头脑来处理。孩子要求不合理或胡搅蛮缠时，采取“冷”处理的方式，将事情简单化。我们对孩子明确说出要求，然后继续做自己的事情。当然在此过程中，一定要注意孩子的安全。

父母冷淡的态度将促使孩子反思自己的错误，而后孩子才有改正的可能。当孩子不听话时，父母还可采取转移注意力的方式来处理。我们先进行言语告诫，然后利用孩子注意力不稳定的心理特点来巧妙进行引导，帮助孩子正确处理事情。比如孩子不爱学习，父母可以进行说服教育，从学习知识有什么好处讲起，巧妙地吸引孩子的注意力。他会渐渐觉得主动完成作业是一种非常有趣的事情。如果乞求孩子写作业，会让孩子觉得学习是为了父母，这种心态使孩子在学习方面变得很被动，更遑论提高学习成绩了。因此，父母须明白，不能把哀求孩子当成最后的手段。

从心理特点上分析，孩子之所以不服从父母，主要是因为他们不能理性考虑自己的行为及愿望的可行性。这时，父母要主动给孩子讲明道理，说明为什么要这样做而不那么做。孩子当时可能不理解，但随着时间的推移，将来一定会明白。有的父母当时不告诉孩子真正的理由，还编一些谎话骗孩子。比如孩子不吃饭时，妈妈说：“你不好好吃饭，肚子里会长出一条大大的虫子咬你的胃。”听闻这话，孩子因为害怕就服从了。然而，谎话穿帮是迟早的事。一旦孩子发觉父母的欺骗，就很难再信任父母，从而很不利于将来的教育。

就父母而言，教育最难在于持之以恒。父母硬起心肠不再乞求孩子，一次两次容易，多次下来便会不忍心，最后终于举白旗投降。然而，一次破例，便会前功尽弃，让孩子在错误的道路上越走越远。从此，我们就在教育孩子的道路上埋下了一个隐患。

如果父母想让自己的孩子从小学会自重而重人，那么请你千万别哀求孩子。在友好平等的交流下，孩子将懂得尊严和权利，明辨是非黑白，行走在正途。

8. 抱怨变成一种瘾头

有的父母很喜欢抱怨，不是抱怨生活，就是抱怨家人。

曾经有个朋友对我说，他时常听到妻子在孩子面前抱怨自己的母亲，又时常听到母亲在孩子面前抱怨自己的妻子。他不知道如何向孩子解释。

其实，这种情况的发生也属平常。偶尔一两句抱怨，人所难免，毕竟谁也不是圣人。问题在于有些父母把抱怨变成了一种瘾头，这将对孩子性格的塑成和未来的人生产生不利影响。

有的父母当着孩子的面相互指责，有的父母私下跟孩子说对方的不是，比如妈妈跟儿子抱怨爸爸不按时回家、爸爸跟儿子抱怨妈妈没做好家务等等。其实，这样做极其有害，会让孩子变得无所适从。都是至亲，孩子该倾向哪一边呢？孩子就在这种徘徊不定中变得苦恼不堪，甚至会因此而痛恨父母，不再相信任何一方。所以，父母一定要尽力克制自己的情绪，避免在孩子面前相互指责，而是多赞美对方的优点。久而久之，自己也真会形成这种观点，夫妻关系也就自然而然地和谐、平静。

我曾在公园看到这样一个场景。一位大妈带着一个四五岁的小孩，一边给他喂零食一边不停地抱怨："你看你，就跟你妈一个样子"；"一说你，就是那个死样子"；"你跟你妈一样，喊你起来你动都不动，现在又快迟到了……"她不停地数落孩子妈妈这不好、那不好。于是，我忍不住上前劝告她说，在孩子面前说这些话不太好。不过，大妈却回答"没关系，他还听不懂"。

在我看来，这位大妈的行为所产生的后果无非两种：如果孩子跟奶奶很亲，将对妈妈有成见，以后很难听从妈妈的教育；如果孩子跟妈妈比较亲，将容易对奶奶有成见，这样也会影响到孩子的健康发展。

如果是隔代之间的矛盾，我们要努力进行调整，不要在孩子的面前抱怨；如果是夫妻之间的矛盾，那么更不要互相攻击，低估抱怨对孩子造成的影响。在父母的抱怨声中，孩子会对父母有新的认识，会觉得自己的父母都有缺点，不值得尊重。甚至，他们还可能会把父母互相抱怨的方式移植到与他人的相处中，这将极不利于孩子的成长。

比如有一对父母当着孩子的面这样吵。

妈妈气呼呼地说："你这个当爸的怎么回事，对孩子的事一点儿也不上心。你没有看到咱家孩子成绩差了很多吗？"

爸爸也大声回应道："教育孩子难道是我一个人的责任吗？"就这样，父母在房间里唇枪舌剑，一直吵到深夜。如此环境，孩子能安心学习快乐成长吗？

通常情况下，孩子的心理都比较脆弱、敏感。他们看到父母因自己而吵架，容易产生"这都是因为我"的想法。如果孩子因为这件事而一味自责，会不自觉地放大自己的缺点，羞耻感和无助感也随之而生。长期如此，孩子容易变得压抑而自卑，甚至认为"反正自己只会给人惹麻烦"，就干脆"破罐子破摔"。一旦孩子走向消极的一面，就很难扭转过来。

作为父母，要懂得认同孩子。无论何时何地，父母都不该在孩子的面前争吵，不然，很容易在孩子的面前失去威信。这样一来，孩子可能减弱对父母的尊重和爱戴，丧失自尊心和自豪感，那么绝对是得不偿失的。

假如我们换种做法，比如妈妈总是在孩子面前讲"爸爸很好，很爱你""爷爷奶奶也很爱你"，那么，孩子就会觉得自己生活在一个充满爱意的

家庭里，感受到家庭的温暖。此外，父母如果离婚了，不管什么原因或有多少不满，都不要在孩子面前破坏他父亲或母亲的形象。我们须知父母的形象对孩子的示范作用很大。比如一位妈妈总是在孩子的面前夸自己的前夫，即孩子的爸爸，孩子最后就成为妈妈口里的“爸爸”那样优秀的人。

在这个世界上，每个人都有缺点，都会做错事。所以，我们要有容人之心，要彼此尊重，才能相处愉快。孩子也需要懂得这些，而父母的言行是孩子最好的榜样。父母不在孩子的面前说人是非，就相当于教孩子一种理性的处世态度。好的教育方法，将让孩子受益终身。

9. 把撒谎当成父母的特权

很多父母常常在孩子面前撒谎，并把这个当成一种特权来行使。我们打着保护孩子的旗号，做一些 “善意” 的事情，实质上却伤害了孩子。我们还冠冕堂皇地说：“我这是为了保护孩子。” 无奈之下，孩子只有听从。

通常情况下，这些父母总是替孩子判断什么是好、什么是坏，然后用谎言来给孩子编造一个不能这样做或为什么这样做的理由。

举个例子来讲。

我回家的路上会经过一所小学，常常会看到这样的情景：父母一边拉着孩子走，一边注意避开两边的小吃摊；孩子则眼巴巴地望着那些卖零食的摊位。妈妈们很恐慌地跟孩子说：“这个是老鼠屎做的……” “这个是死人肉做的，吃了会死……”

看到那些孩子骤变的惊恐的脸，我心中五味杂陈。从此以后，在这些孩子眼中，无花果丝就和老鼠屎画上了等号，吃烤肉就是吃人。我们虽然不知道孩子会将这种可怕的想法保持多久，但是大人们对孩子撒谎的时候，为什么可以那么理直气壮？很多父母辩解，这样做是为了将孩子的想法和行为保持在正途上。但是，说谎的方式究竟能结出怎样的果实呢？我非常怀疑。其实，父母的判断并非绝对正确，却总是喜欢以自己的想法为标准答案，帮孩子做各种决定。有时为了达到自己的某种目的，我们也把谎言加入其中。孩子们长大后，那些谎言不攻自破，让他们认识到社会的残酷，从而感到非常失望。

朋友有个五六岁的孩子。和她的老公离婚后，她独自带着孩子生活。我不止一次地听见朋友对孩子说，你会考上大学，考上研究生并且出国，还会找到一个温柔体贴的妻子。就这样，她总是向孩子描述一些十分美好的情景，诉说着一个个美丽的成人童话。其实，类似这种形式的谈话也相当于撒谎，这种谎言对于孩子的成长是不利的，当完美的理想撞上残酷的现实，可能会导致他们作出不正确的判断。

原本父母是出于善意而撒谎，是想让孩子按自己的意愿来进行思考，走最少的路，获得最好的结果。然而，当父母习惯用谎言来描述社会上的一些事情时，就已经伤害了孩子的心灵，混淆了孩子的是非观念。长此以往，孩子会对这个世界感到迷茫。随着孩子年龄的增长，父母的谎言会被一一戳破。等孩子明白事情的真相时，很可能已经受到影响，成为一个喜欢撒谎、人品差劲的人。

父母的谎言往往披上了“善意”的外衣。孩子还小，会对父母的话深信不疑。可以说，父母用自己的谎言给孩子虚构了一个真空的世界。但是，父母请不要忘记，孩子在不断成长，他们不可能一直待在这个“真空”世界里。

10. 当着众人的面讽刺孩子

讽刺是一种特殊的说话方式。我们开玩笑或者对某个人抱怨、憎恶的时候，常常采用这种形式。有的讽刺语言初听起来貌似表扬，孩子会认为这是“好话”，但是，慢慢长大的他们会无师自通地悟出背后的“批评和贬义”。

孩子小的时候，他只会从字面上理解我们说的话。一个 5 岁大的孩子浑身脏兮兮地从外面跑进来，父母看到不免会哭笑不得地说：“你可真是干净啊！”当时，孩子可能不会理解这句话的真正含义，他会信以为真，以为父母没有看到自己身上的脏东西。然而，等他懂事后，他会感觉到大人的批评从而产生难过或者尴尬的心情。

若是父母当着众人的面讽刺孩子，孩子会更加难堪，自尊心会受到严重伤害。这对孩子良好性格的形成具有负面作用。所以，那些喜欢讽刺孩子的父母，尤其是喜欢当着众人的面讽刺孩子的父母，应该学着控制自己的语言，谨言慎行并及时“闭嘴”。

父母一旦发现自己有喜欢讽刺人的习惯，就要试着去改变。说话的时候不带有贬低和责备，语气真诚，开始时孩子会觉得有些惊讶，时间一长，他们就不仅能听懂父母说话的内容，还会明白父母说话方式背后善意的态度。

提到 “善意”，它是讽刺语言的核心。如果父母对孩子的讽刺只是善意的幽默，那么体现的是父母语言的智慧。相反，如果父母的讽刺含有敌意和歧视，就会伤害孩子，尤其当着众人的面，伤害的程度会更深。

晓晓从小就很粗心，这可为晓晓和妈妈带来不小的烦恼。今年，晓晓已经升上小学六年级，但成绩仍不稳定。眼看晓晓即将进入初中，这样下去怎么行呢？父母很着急。其实晓晓非常聪明，领悟力很强，但他现在这种学习状况肯定会让升初中的难度加大。

妈妈发愁，晓晓也发愁。可是不管晓晓怎么发愁，每次考试他仍然不是看漏了题，就是计算错误。有时，他在草稿纸上计算完全正确，誊到考卷上却会写错。可想而知，这种情况下，他能考好才怪。

有一天，晓晓又拿着试卷回到家。妈妈看着卷面上那个刺眼的63分，气不打一处来。刚好家里有客人在，但晓晓妈妈压不住火气，指着儿子就喊起来："如果你哪天不粗心的话，太阳就会从西边升起来！我看你的脑子是不是长到别人的身上去了，怎么每次都考这么点分数？"

妈妈的讽刺挖苦让在场的客人很尴尬，大家把目光投向晓晓。当着众人的面，妈妈这么讽刺自己，晓晓也感觉非常痛苦，再加上妈妈看他的眼神里分明充满了失望，他心里如针扎一般。

回到自己的房间，晓晓拿出圆规开始扎自己的手指，一直扎到鲜血都冒出来才住手。不久，妈妈便发现了儿子手上的伤，心疼地说他是个傻孩子。晓晓哭着说，自己也是想考好的，但是粗心的毛病总是改不掉。晓晓妈妈经过反思，发现是自己当众讽刺挖苦孩子的行为导致儿子自虐。长期如此，孩子可能会患上严重的心理疾病。她决定帮儿子改掉这个毛病，也开始有意识地改变自己的言行。母子共同的努力逐见成效，晓晓的成绩逐步上升，升初中也不用太担心了。

可见，父母不对孩子正面进行教育，而是用反语讽刺、挖苦来刺激孩子使孩子成才、上进的这种想法是错误的。事实上，这些话有百害而无一利，尖刻的挖苦会伤害孩子的心灵，增添家庭教育的障碍。须知我们责备越深，孩子的

心理负担越重。

有的孩子心理承受能力比较弱，父母的讽刺和挖苦容易对其精神健康造成无法弥补的严重伤害。在父母的讽刺下，他们变得渐渐冷漠，不再信赖父母，对家庭充满了厌恶与反感。长期如此，父母和孩子之间将形成一道无形的屏障，甚至有可能引发孩子的反抗和报复心理。这样既不利于父母教育孩子，也不利于孩子健康快乐地发展。

父母当着众人讽刺孩子是极不可取的行为。因此，我们一定要彻底改变恶习，学会欣赏孩子，对孩子的进步及时给予积极的反应。孩子的自尊远远比父母逞一时的口舌之能重要。

第3课

好父母不该有的10种差榜样

榜样的力量是无穷的，好的榜样可以带来积极正面的影响，差的榜样则可能贻害孩子一生。作为孩子眼中的表率，父母必须注重自身的修养，严于律己，事事以自己的正确言行为孩子树立榜样，引导孩子健康成长。

1. 客套敷衍孩子

有些父母往往会对孩子的问题显得极为不耐烦，客套敷衍孩子的提问。当然，父母可能确实因为工作太忙，顾不上认真地和孩子进行交流。但是，一味地客套和敷衍孩子，父母的威望与地位会逐渐降低。对孩子而言，这样则可能让他们潜移默化地成为不负责任的人。

父母养育孩子，不仅要给他们物质上的满足，还要学会在精神上尊重孩子。客套与敷衍，其实是对孩子权利的一种变相剥夺。对于孩子的提问，不管父母能否给出正确的答案，都请一定认真对待。在与孩子交流和互动的过程中，我们要发现问题，然后帮孩子解决问题。这样，孩子才会进步，才能健康成长。

小德读高中的时候，作文写得非常好。他常常把自己受过老师表扬的作文拿回家念给父母听。父母总是认真地听完，给出自己的意见，给予适度的表扬和鼓励。

小德的同学的情况则截然不同。他回到家里读自己的作文，父母往往还没有听完就摆手说："好了好了，我知道你的作文写得不错。你口才很好，作文很好，去考外交系，考法律系，考政治系……"总之，父母会以草草的几句表扬来收场。看到父母漠不关心的样子，小德的同学感到自己在父母的心中没有地位，不受重视。久而久之，小德的同学渐渐没了写作的积极性，以至于最后交作文作业都是敷衍了事。很快，他的写作天分一点点褪去，直至消失殆尽。

每个人都希望自己能被重视，尤其是被自己在乎的亲人重视，孩子也不例外。父母敷衍孩子，分明就是一种不重视孩子的表现，可能在孩子幼小的心灵中留下阴影。也许有些父母认为这种事没有什么大不了的，但孩子会牢记在心。第一次被敷衍，孩子可能没有什么感觉，但天长日久，孩子会失去与父母交流的欲望，至少他们不会再轻易向父母表明自己的态度和想法。最恶劣的是，父母教会了孩子“恶习”——原来“下次再说”就是不当真。敷衍、谎话的种子就这样被种下。

客套敷衍有两种方式，一种是随便说几句话来打发孩子，一种就是随意的表扬与夸奖。有关教育专家调查发现，在孩子与父母交流的过程中，父母敷衍时所出现频率较高的话语是：“没时间，下次去吧！”“等等，下次再去吧！”“下次再说”……读到这些，我的心开始变得沉重。这些敷衍分明是关闭了一扇门，让孩子无法走进你心里。想想，你会不会找一个总是敷衍你的人来讲话呢？肯定不会。孩子自然也是如此。

当然，有的父母会说，我这样并非故意为之，而是时间真的不允许。其实，这只不过是父母给自己找的一个看似完美的借口。实质上，父母就是心存懈怠，从而使敷衍与客套变成一种常态。

还有的父母以称赞的话来敷衍孩子，同样显得不负责任。当然，真心的赞美和夸奖对孩子的成长有非常积极的作用。但是，赞美并非随便几句“你真聪明”“你真棒”，父母毫无理由地说上这么几句，不是敷衍客套又是什么？敷衍式的赞美，孩子敏感的心会感觉得到，也会因此而受伤。此后，对于父母的这种赞美，他感到乏味，甚至反感，最后发展到即使是真诚的赞美，其鼓励作用也荡然无存。

父母敷衍塞责、虚假客套的时候，是否想过自己的“榜样”将给孩子带来怎样的影响呢？

父母是孩子的第一任老师，“为人师表”不仅是学校老师要考虑的问题，更是父母要做到的要求。父母不能犯敷衍客套的毛病，要学会俯下身去认真倾听孩子的话。

此外，对于孩子的合理要求，父母能满足的要尽量满足，实在满足不了的，也要向孩子说明理由。父母和颜悦色地解释“不可以”的原因，不折不扣地执行“可以”的诺言，才是最正确的方法。认真和孩子进行交流，这是对父母最起码的要求，同时也是对孩子最基础的教育。

2. 做错事从不道歉

孩子做错事，父母认为让他们道歉理所应当。但是，父母自己做了对不起孩子的事情，是否需要道歉呢？

有的父母不以为然，“道什么歉呀，他们那么小，懂个啥？”“我是老子，道歉的话，面子往哪儿放，以后还怎么管孩子？”

听到这些，我不禁为这些父母感到羞愧。这样的父母教育孩子，真是让人担忧。

在孩子面前，父母要树立一个正面的形象，但这不意味着父母可以为所欲为。要知道，在孩子的眼中，父母也是和他们一样的人。父母犯错误的时候，也要真诚地道歉，请求孩子的原谅。孩子并不会因此而看不起父母，相反，他们会以你为榜样。在今后的人生道路上，他们会勇于承认自己的错误，勇于担当，敢于负责。

我曾经碰到过这样的一件事情。有一次，我去朋友家拜访。我和朋友正在聊天，他的孩子拿着一张试卷回来了。当孩子拿着试卷请他签字的时候，朋友发现孩子的考试分数有些问题。

试卷上原来评的分数是 68 分，而后来又改成了 98 分，一看就明显被涂改过。朋友看到后勃然大怒，他厉声训斥孩子：“你怎么可以随意更改老师的分数呢？”

孩子惊恐地解释：“我没有改，这是老师写的。最开始她给了我 68 分，后来我发现她算错了分数，我就去找她。她重新算了一下，确实是98分。于是她就在原来的分数上进行了修改，不信你去问。”

朋友觉得这种事情不可能发生，因为老师很少犯这种低级的错误，何况孩子本来学习成绩就不好，考68分也不奇怪。孩子又有几分调皮，怕挨训而自己改分数也是很可能的事情。如此一来，朋友根本不相信孩子的话。他厉声批评孩子：“你还狡辩，再不说实话，回头我一定要好好收拾你！”

我在旁边看不下去，劝朋友不妨给老师打个电话问清楚。朋友为难地说，这样做会不会招致老师的反感？我说，不会的，也许你真的是委屈孩子了。最后，他打了个电话。结果，老师亲口证明确有其事，孩子没有撒谎。

真相大白，孩子委屈地哭了。他跑进自己的房间，不再理会爸爸。我劝朋友向孩子道歉，他说这多不好意思啊，算了，这件事情就这样吧。等过段时间，他就忘记了。

我严肃地告诉他，这件事情处理不当的话，可能会给孩子留下阴影。要知道，父母是孩子眼中的榜样，孩子会模仿父母的行为，还有思想和处世方式。如果父母拒不承认错误，那么孩子会以此为例。他会变得没有责任心，不愿担当，不敢认错。闻听此话，朋友感到很惭愧，于是去给孩子道歉。

事后，孩子开心地原谅了父亲，父子之间的关系也变得更加融洽。

也许有的父母认为，向孩子道歉就是向孩子低头，将失去个人尊严。但是，犯了错都不敢承认，不肯道歉，又谈何“尊严”呢？做错事不道歉，只会让父母在孩子的面前威严扫地，且再难赢得孩子的信赖。

有的父母犯错不主动道歉，可能是碍于父母的身份。他们认为没必要向自己的孩子道歉，错了就算了，我怎么能向孩子道歉呢？很多时候，这种态度会使事情越来越糟，甚至走向事情的反面，最后不可收拾。正确的做法是：父母请孩子原谅自己的错误，并告诉他们，自己以后会尽量避免再出现这种问题。我们要让孩子感受到认错的诚意和补救的行动。记住，我们是孩子们的榜样。

3. 不管什么都输不起

日常生活中，父母的一言一行皆是孩子模仿的榜样。有的父母意志比较薄弱，遇到一点问题，就表现出一种输不起的状态。在孩子看来，这样的父母无疑是懦夫。

父母不该这样。作为一个成年人，输不起是一种不良的性格表现。有的父母因为自己输不起，认为孩子也不能输。平常教育孩子的时候，我们不是以孩子的快乐为准，而是以自己的期望为参考值。我们不想让孩子输，更不想因为孩子输而输了自己的面子，从而间接地把孩子也培养成“输不起”的人。

父母要求孩子全能，各方面都要优秀：上名牌大学，找体面的好工作。这是孩子必须交给父母的答卷。具体到平时，孩子要成绩科科全优，班级排第一。但这样真的是爱孩子吗？事实上，这种事事求完美的态度给孩子灌输了一种“输不起”的理念，带给孩子巨大的压力。一旦到达承受的临界点，孩子就会爆发。

林林爸爸第一次给我打电话，我就从他的语气中听出这位父亲的焦虑。当时林林正读初一，学习成绩不太好且自制能力很差，特别容易受到不良行为的干扰。有时，他会和同学一起逃课上网，一玩就是很长时间。由于睡眠不足，林林上课常常打盹，老师多次批评却无丝毫效果。

父母很着急，只好又为孩子换了一个学校。事实上，当时林林的成绩已经非常糟糕，坐在教室里对他来说就是一种煎熬。很快，他再度沉溺于网游。这一次，由于父母忙得顾不上他，林林经常逃学和撒谎，最后被学校给予处分。

林林的爸爸当然不是没有管教儿子。为了这件事情，他在家里狠狠地打过儿子，也求了老师很多次。尽管如此，林林却依然故我。期末考试中林林的成绩非常不理想，他怕爸爸打自己，居然偷钱离家出走。他跑到很远的一个城市，泡在网吧里打游戏。刚开始，林林还感觉良好，但没几天就开始想家想妈妈，可是他又不敢回家。5天过后，钱花光了，林林终于决定回去。回家后，他发誓好好学习，然而没过多久，他的老毛病又犯了。林林的父母苦不堪言。

林林爸爸打来电话的时候，孩子已被学校劝退。他愁得直揪自己的头发，嘴里不住喃喃地说：“万一孩子再也找不到学校上学怎么办？万一孩子和社会上的坏人混在一起怎么办？万一孩子长大了犯罪怎么办？”

看着他的样子，我真的非常同情。我决定好好地和他交流一番。作为父亲，林林爸爸对孩子的爱如履薄冰，事事谨小慎微；对孩子的教育，作出任何决定都要考虑不计其数个 “万一……了怎么办？”实质上，这完全是一种输不起的心态。这种心态是家长的软肋，是被孩子牵着走的那根绳子。因此，林林爸爸对孩子的教育失败，也就不能只怪孩子。

通过交流了解完整的情况后，我决定用指导父母的方法来调整孩子。事实上，林林爸爸就是由于“输不起”的心态作祟，导致在孩子的教育方面陷入进退维谷的困境。首先他必须放弃这种“输不起”的心态，鼓励孩子正确面对挫折。

孩子决定做某一件事情时，父母先不要急着定对错。可以先和孩子一起讨论并引导他思考，然后让他自己动手去完成。孩子克服挫折的动机和能力来自于曾经的挫折，足够丰富的经验可以增强自信，渐渐克服“输不起”的心态。同样，在家庭教育的过程中，父母要和孩子一起经历挫折，从失败的经历中更好地认识自己。父母一方面要学会欣赏孩子，一方面要在教育孩子的过程中与孩子交流、磨合，方能取得教育成效。

无论什么事情，每个人总是希望自己能做到最好，获得周围人的认可。但是，获得第一名的永远只是少数，难道其他的人都不要活了吗？当然不是这样。在学习或者生活中，每个人都有自己的强项和弱项，不要因为某一方面不如人，就表现出不满的情绪。作为父母更不要因此对孩子大发脾气，毕竟孩子年龄小，各方面都不成熟。父母“望子成龙，望女成凤”可以理解，但是在平时的生活中，不要过分要求孩子，也不要在生活中大包大揽。如果孩子遇到困难，请一定给孩子一个锻炼自己的机会。

4. 无法控制自己的情绪

几乎每一个孩子都是任性的，都会对父母的管教有一种抗拒的情绪。事实上，随着孩子生理上的成长，心理上也越来越有自己的想法。当孩子任性自我的时候，常常让父母不知如何是好。那么，该如何管理孩子的这种情绪呢?

其实，孩子之所以无法控制自己的情绪、感情用事，或多或少和父母有关系。细心的父母也许会发现，当你自己感情用事、大发脾气的时候，有一双眼睛正在悄悄地注视着你并不自觉地被你影响。

情绪与生俱来，它几乎随着孩子呼吸、心跳的开始而产生，并伴随孩子的成长逐渐成形。如果父母不教会孩子们控制情绪，纵容孩子的任性，则容易让孩子形成自私自利、张扬跋扈、完全以自我为中心的性格。这样的孩子无法融入集体，对于孩子的全面发展非常不利。因此，在孩子的成长过程中，父母要教育孩子学会控制自己的情绪。

从心理学角度来看，孩子情绪表露是一种心理需求的表现。当孩子的生理和心理发生变化的时候，他们会对事物的正确与否作出自己的判断。当然，受智力水平的影响，他们对这些事物正确与否的认识，不可能像成人那样进行理性分析。孩子的感觉往往比较直观：好，那么喜爱；不好，那么厌恶。尽管这些事物也许对他们不宜甚至有害，可是孩子宁愿受到伤害也非要这么做，父母毫无办法。

晨晨是一个 8 岁的男孩子。父母带晨晨去逛商场，他趴到柜台边上看玩具，跟妈妈说，他喜欢柜台里那个限量版的阿凡达机器人。父母一看，标价一千多，眼神立刻多了几分尴尬。他们觉得这个玩具太贵了，于是，他们对晨晨说这个玩具华而不实。但是，晨晨特别喜欢那个机器人，非要买下来。父母很生气，准备离开这里。晨晨立刻往地上一躺，满地打滚，转眼间，他脸上眼泪和鼻涕都混在一起，整个弄成了小花脸。父母哄了很久，无丝毫效果，最后没办法，父母只得花钱将玩具买下来。

冰冻三尺，非一日之寒。孩子的性格绝对不会一次形成，而每一次任性都有一定的理由。父母应该分析孩子为什么会产生这样的情绪，从而提出针对性的解决方法。若是父母总依从孩子的意愿，跟着他的情绪来调整自己的行为，会让孩子更加情绪化，同时对他健全人格的塑造也将产生不利影响。

那么，如何针对孩子进行情绪控制的训练呢？

一、针对孩子的好奇心，采取多种方法进行教育。

告诉孩子不能满足其要求的原因，并且承诺一种他可以办到并且对他有促进作用的事物。比如他哪一天在餐桌上表现好，不挑食并把自己的饭菜都吃光，就给他讲一个故事。

这样，父母就可以有效地引导孩子的情绪。孩子会配合父母的做法，对父母产生亲切的依赖感，毕竟“讲故事”是他非常喜欢和盼望得到的“东西”。

二、学会适当表扬孩子。

对于孩子而言，父母的表扬非常重要。比如父母让孩子帮忙择菜，一开始他可能不情愿、不耐烦，但是如果父母及时表扬，那么孩子会产生成就感。于是，他会继续把事情做下去，而且还会做得更好，期待获得父母的进一步认可。

三、重视言传身教。

日常生活中，父母要为孩子树立良好的榜样。要求孩子控制情绪，首先父母要管好自己。你用良好的情绪和心态对待孩子，那么孩子自然而然会受到你的影响。此外，父母答应孩子的事情一定要做到，否则，孩子可能因此闹情绪，出现不良的反应。

当然，教孩子学会控制自己情绪的方法还有很多。在教育孩子的过程中，父母可以不断摸索，积累经验。父母应当经常和孩子进行交流，随时发现并及时帮助孩子调整不良情绪，帮助孩子形成良好健全人格。

5. 不去尝试就否决自己

一个人要想学会走路，就要在不断地跌倒后再爬起来。如果我们面对问题不去尝试解决，是没有资格说不行的。

人的能力构成不仅在于其才华，更在于其意志。孩子在外边受委屈、遭遇不公的对待甚至犯错误、摔跟头都不见得一定是坏事，反而会是他一生中最宝贵的财富。怕失败而不去尝试是对自己进行简单的否定，是懦弱的表现。

小芳的奶奶曾经告诉我这样一件事情。小芳以前有些胖，看起来肉肉的很可爱。但是，奶奶总是叹气，抱怨小芳的腿又粗又短，不能去学舞蹈。然而，小芳偏偏喜欢跳舞，她哀求父母给自己报一个舞蹈培训班。奶奶知道后坚决反对，疼爱孙女的她可不想让小芳因为被老师和同学们笑话而受委屈。而小芳的父母一致认为，可以让女儿去试试。

在小芳的坚持下，父母给她报了一个短期培训班。小芳很高兴地开始学习舞蹈。由于自身确实感兴趣，她非常努力地练习。小芳的执著很快就换回了良好的效果。在长期不懈的锻炼下，小芳变得越来越苗条，更重要的是，跳舞跳得越来越好。升小学时，她由于舞蹈特长直接进入重点小学。回想当初的决定，小芳的奶奶感慨万千，如果当初自己坚决阻止孙女，恐怕不会有今天这么好的结果。

从小芳的事例中，我们不难发现，孩子的兴趣、好胜心和积极性是他们去尝试的路上最好的动力。那么，有些尝试初看起来不太可能成功时，父母该怎

么办呢？是简单地加以否决吗？每到此时，父母们心里一定很矛盾。如果让孩子去尝试，万一失败了怎么办？如果不让孩子试，万一孩子真有天赋呢？岂不是错失良好的发展机会？

实际上，预想的事情就像写作文，答案并不唯一，在结果出来前，谁也不能轻易下结论。如前所述，在孩子尝试的过程中，可能会受到委屈或者不公的对待甚至犯错误、摔跟头，但这不见得就是坏事，反而可能成为他们一生中最宝贵的财富。这些经历和体验会让孩子逐渐懂得应该怎样面对挫折，如何承受挫折。父母不应该害怕孩子会吃苦头就阻止他们去尝试，阻挡他们成长的脚步。

其实，不去尝试就否决自己是一种不负责任的做法。在漫长的成长过程中，孩子们需要经历一些事情。在他们遭遇挫折和失误时，父母的支持、鼓励和帮助不可或缺。但是，父母一定不能在他们尚未尝试时就因噎废食，阻止孩子去尝试。这样阻止孩子尝试，相当于把孩子推入一个真空的环境中，让他们生活在无菌室里。这样的孩子不具有免疫力，一旦外界情况发生变化，孩子就会由于缺乏足够的抵抗力而受到伤害。须知孩子总要长大，总要脱离父母的羽翼生活，父母无法保护孩子一辈子。

所以，父母应该鼓励孩子去尝试他们感兴趣的事物。如此，生活中处处皆是孩子成长的机会。而且孩子尝试的过程将为他们今后独立生活奠定坚实的基础，这是一种很好的生活教育，也是一种必备的生存教育。作为父母，千万不能事事包办，阻止孩子自己去探索通往外界之路。否则，我们会以“爱”的名义毁了孩子。

那么，父母应该如何去鼓励孩子呢？

一、对于孩子的态度一定要宽容。

无论孩子有何想法，无论孩子在执行自己想法的过程中犯了什么错误，父母都应在孩子犯错误的基础上，进行正确的引导。孩子做出的任何尝试，父母都不要以简单的“对”或“错”来回答。我们要从孩子的行为或者结果中找出合理和不合理的部分，区别对待。合理的部分，父母应当给予鼓励；不合理的部分，父母可以引导孩子思考，讨论是否可以摒弃。

二、对孩子应当少嘲笑，多鼓励。

孩子的做法并没什么错，但还是失败了。在这种情况下，父母不要嘲笑和训斥他们，要鼓励他们“再试一次”或“再想想有没有更好的办法”。如此，哪怕很小的孩子都能够很大胆地鼓起勇气重新尝试。这样培养出来的孩子，必定会成为百折不挠的勇士。

三、对孩子实行启发式教育。

发现孩子的错误后，父母不要把答案直接告诉孩子，而应对孩子进行启发式教育。这样，孩子对错误的正确认知和态度才能被从小培养起来。将来，他们无论面临什么样的问题和困难都能以积极的心态去面对。

6. 做人太有心计

有一件事，到现在我还记忆犹新。那是有一次回老家，我给孩子们发压岁钱，正开心的时候，忽然出现让众人瞠目结舌的一幕。亲戚家一个 5 岁的孩子当场拆开了一个红包，然后抽出一张百元大钞对着灯光验看，判断是否属于假币。

孩子的母亲很尴尬，训斥道：“这孩子，钱有什么好玩的？”

孩子理直气壮：“我看看是不是假的。”

在场的大人不禁倒抽一口凉气，才 5 岁的孩子居然这么有心计。

后来，经过了解我才知道，原来孩子的父母是做生意的。每次收钱时，父母总是用验钞机检查一下，孩子无形中受到影响。另外，这对夫妇平时也不轻易相信别人，卖的商品也总是以次充好，欺骗消费者。所谓“近朱者赤，近墨者黑”，在父母的感染下，孩子自然会沾染这种习气，他把这种习气带到幼儿园，结果没有一个玩伴。如果一直处于这样的家庭环境下，随着年龄的增长，他的心计还会不断升级，让人忍不住设想成年之后的他会不会成为一个无比狡诈的人。

对于孩子有心计的问题，有些父母却不以为然。他们甚至觉得这样的孩子聪明，将来可以少吃亏，少上当受骗。可是他们没有想到，孩子丢失了最珍贵的东西——童真童趣。

著名的哲学家培根曾经说过：“猜疑之心犹如蝙蝠，它总是在黑暗中起飞。这种心情是迷陷人的，又是乱人心智的。它能使人陷入迷惘，混淆敌友，从而破坏人的事业。”由此可见心计过多的坏处。

有的孩子是为了争取自己的合法权利使用心计，有的孩子却用心计做“坏事”。孩子的心计大多和父母有关系。父母教育不当很容易造成孩子误入歧途，父母无意中说的话也可能被孩子记在心上并付诸行动。总之，孩子易受到父母的影响，变得多疑而有心计。

其实，孩子们工于心计是一种不良的心理状态，根本不值得夸奖。这种不良的心理会严重影响他们的正常生活和学习。

孩子的心计太多，便容易多疑和小气。将来走向社会的时候，这样性格的孩子与人相处可就成了大问题。因为没有人会喜欢自己身边有一个总爱疑神疑鬼的朋友或者整天盘东问西的老公或妻子。所以，孩子太有心计绝不是什么好事。

一些孩子更由于太多心计而固执己见，他们通过自身的想象把生活中无关紧要的事情硬凑在一起。他们自我感觉很聪明，有时把别人无意间的言行举止误认为是对自己怀有敌意。更有甚者，在没有足够的证据时，他们还怀疑别人欺骗自己，把别人的好心好意误解为阴谋诡计。这些都已经被无数的事例证明。

对于太有心计的孩子，父母一定要多注意其一举一动，多给予关心。另外，我们还要对孩子进行适度的心理引导，让他们走出心理误区。

平时，父母可以指导孩子多看一些加强自身修养的书，多了解一些心理健康方面的知识，培养孩子积极的人生态度，用一种正确的心态与人交往。只有这样，孩子才会正确认识世界，拥有一个幸福的人生。

7. 用物质贿赂孩子

谈到用物质贿赂孩子，可能很多人都不陌生。常常听到父母这样说：“如果你这次考试能拿第一，我就给你买一双名牌运动鞋……”

用物质刺激孩子确实有一定的效果，有时甚至立竿见影。不过，如果把物质刺激当成常用手段，则可能对孩子的成长起到相反的作用。

据某报记载，有位妈妈把经商机制引入家庭之中来调动孩子的积极性。她对孩子实行了分层次的工薪制，比如孩子做一次家务，就给 5 块钱；如果考试成绩班级第一，就给 100 块钱；如果获得三好学生，就给 200 块钱……以此类推，奖励制度非常明确，显得极为完美。

然而，这个计划本身就是个错误。开始时，孩子的进步似乎“立竿见影”，但之后似乎陷入一个恶性循环，孩子不论干什么都要奖励。到了这时，父母就该头疼了。如果继续执行，父母和孩子因为奖励的事情将会不断产生纠纷，造成隔阂；如果不继续执行，那么父母定的计划是不是就要作废？那么当初花费的一腔心血，岂不是付诸东流了？

严格来说，用物质贿赂的方法来激励孩子，根本就与激励目的南辕北辙。我国的一些心理专家们曾就这种家教方式特别指出，这种对孩子“行贿”的行为，虽然可以取得一时效果，但长久下去贻害无穷。

不单单是在中国，国外的研究也同样在对孩子进行行贿教育方面持反对态度。美国斯坦福大学教育学博士福特通过大量研究指出，从短期看，“贿赂”

能够使孩子产生高度积极性；从长远看，这种手段极有可能产生不利的影响。一个小孩受到多次“贿赂”后，他们会变得依赖“贿赂”，甚至做点小事也是如此。

例如大多数小孩子最开始都不喜欢去幼儿园，尤其放长假后，孩子往往对即将到来的离开家庭的生活充满畏惧。他们知道，在那个地方不如家里面随意。

小朋友强强就是如此。开学的时候，我亲眼看到他的奶奶和妈妈两个人“押送”着他去幼儿园。在路上，强强哭得昏天黑地。妈妈准备给孩子好好做思想工作。于是，她动之以情，晓之以理，想让孩子心甘情愿地去幼儿园。可是她说得口干舌燥，强强依然不为所动。最后，她只好拿出杀手锏：“强强，你如果乖乖地去幼儿园，我就带你去买玩具。”这回强强的反应倒是很快：“那你现在就带我去买。”于是，话一出口，木已成舟。妈妈只能带他去买，并说：“好，我现在就带你去，但是买完玩具后就上幼儿园好吗？”孩子点点头表示“成交”。一场孩子的“罢工行为”在妈妈的物质贿赂下结束了。

强强妈妈自以为得计，回家后还向家人炫耀了一番。结果，妈妈的办法被奶奶和爷爷、爸爸、姑姑等争着试用。于是，一轮又一轮的物质“贿赂”开始了。强强时不时就会受到这样的诱惑：“如果能考出好成绩，我就带你去动物园……”

“如果你去幼儿园，我就给你买小汽车……”

“如果你背下这首诗，我就给你买棉花糖……”

……

最后，强强彻底变成了一个容易被物质诱惑打动的孩子，而且越来越精明，居然学会了跟父母讨价还价，让父母苦恼不堪。

这种“如果你……那么……”的方法，相信很多父母都使用过，事实也证明这种方法产生过效果。但是，这种效果只会在短时间内显现。时间长了，这个招数还灵吗？恐怕不仅不灵，还会起到负面作用吧。

所以，以长远的目光来看，对孩子“行贿”的弊端是相当明显的。

“受贿”可能成为孩子努力追求的首要目标，这样一来本末倒置，从而冲淡甚至替代孩子做家务和学习的原始动机。心理学家认为，原始动机是由个体的自尊心、责任感、义务感、荣誉感、求知欲等内在因素构成的，通俗一点说，就是“我要学”“我要干”。然而，父母的物质诱惑构成了外部的动机，成为了“要我学”“要我做”。这样，孩子做家务和努力学习大多是受外部诱惑完成，而不是积极主动地去做。可是，外部诱惑只能持续一时，只有内部的动机才会让孩子拥有无限的动力，并且伴随他们一生。

反对贿赂孩子的另一个原因是：孩子可能为了得到奖励而制造一些虚假的进步，比如先故意少考分数，接着再多考分数，以此来混淆父母的判断。这和“说谎”有什么区别呢？当然，可能很多父母要问，当孩子家务活儿干得好，学习有进步的时候，该不该奖励呢？毫无疑问，这个应该奖励。这种奖励与上述奖励性质完全不同，前者是用物质来诱惑孩子努力，而后者则是对孩子已经取得的成绩的一种肯定。这两者不可混为一谈，我们应当否定前者，提倡后者。

8. 从不拒绝别人的请求

涛涛的爸爸总是感叹自己的孩子缺心眼，总是一味接受别人的请求，从来不会拒绝。作为父母，他不愿意打击孩子，因为毕竟热心好过冷漠。

就因为热心，每当别人请求他做什么事情的时候，哪怕是他自己非常忙，也从来都是满口答应。有一次，他白天跟着父母去游乐园玩，回来已经特别累。但是，一个同学跑来拉着涛涛一起去夜市，他居然也一口答应。当涛涛从夜市回来的时候，累得一进自己的房间，倒头便睡。

涛涛爸爸认为，孩子没有选择的热心并不是一件好事。因为孩子不懂拒绝的负面作用已经逐步显现出来，把自己的事情搞得一团糟。

生活中很多时候，我们应该说“不”，但总在一些无奈的情况下，我们不得不勉为其难地答应别人的要求。在这一方面，父母的“榜样”力量也是无穷的。在“温良恭俭让”的传统教育滋养下，一些孩子模仿着父母，渐渐害怕说“不”，不会说“不”。

心理专家研究发现，反驳与拒绝远比奉承与迎合要困难得多。于是，“不”成了一个很难出口的字。在一些孩子的口中，“不”字很少出现，因为他们担心说“不”可能会使最亲近的人疏远自己，让最好的朋友离自己而去……

然而，在适当的时候，孩子应该学会说“不”，这是他将来进入社会与人相处时必须掌握的一门课。作为父母，要教孩子们学会拒绝。那么，如何让孩子学会说“不”呢?

具体来说，可以从以下几个方面去做。

父母先要教孩子一些婉转拒绝的方法，比如当自己正忙，而同学让去做一些无关紧要的事情时，可以向同学说明自己的情况，然后婉转表达拒绝之意。在人与人的相处中，说“不”是一种艺术。掌握好这门艺术，将会对孩子将来的人际交往大有益处。孩子一步步走向社会，可能会经常遇到一些无意义甚至无理的请求。学会拒绝，他们才不会屡屡陷入被动之中，这也是孩子成长过程中的必经之路。

父母还要告诉孩子，如果因为一次合理并给出解释的拒绝而失去一个朋友，那么这个朋友大抵也并不值得深交，无须惋惜。当然，说“不”并非适用于任何情况。当同学真的遇到困难，父母一定要提醒自己的孩子伸出援助之手，真诚相助。

同样，在父母与孩子的相处中，父母要以身作则，告诉孩子什么时候应当拒绝。比如有的孩子向父母提出请求，父母觉得合理则可以答应下来；觉得孩子的请求过分则予以拒绝。如此，孩子面对他人的求助时，才会合理地选择，而不至于满口答应后把自己陷入困境。

当然，父母对孩子说“不”的时候，一定要采取合理的方法，不要伤害孩子幼小的心灵。父母要做到有主意，即当作出某一项决定时，要意志坚定，这样才会有效果。我们千万不能犹豫不定，让孩子感觉还有希望。如果父母视孩子的反抗程度来作决定，岂不是变相鼓励孩子 “滚地板”吗? 那么，父母被孩子握在手中，又如何“拒绝”?

其实，父母拒绝孩子并达到效果也不难。只要父母能放下身段，向孩子表示理解和尊重，那么，你的爱心就会感动孩子。孩子会同样回报你理解与尊重，且变得更加独立和坚强。父母良好的榜样是孩子最好的教科书。当懂得如何说“不”时，孩子也将真正了解父母的良苦用心。

9. 带头示范不孝

现在，关于孝顺的话题越来越引起人们的关注。当所有的父母辛苦地为孩子付出时，是否想过自己的父母呢？当父母不孝顺孩子的爷爷奶奶时，是否想过这将对孩子产生潜移默化的影响呢？自己带头示范不孝，又怎么期望孩子长大后孝顺自己呢？关于孝顺父母这一最基础的道德品质，如果父母不从小培养孩子，等他长大就来不及了。

“孝”这个字，上“老”，下“子”，它代表着孩子背负父母。但让我们遗憾的是，如今更多却是父母背负孩子。从孩子呱呱坠地，父母就像欠债般不断地为孩子付出。每当孩子索取的时候，父母总是付出得那么自然，那么习以为常。尤其如今社会上存在的“啃老族”，他们啃得理直气壮而丝毫没有羞愧的感觉。有的人不以“啃老”为耻，反以为荣；更有甚者，在一旁眼红得不得了，感叹自己怎么没有一个有钱的老爸。

作为父母，我们辛苦付出的时候，也要想想自己的父母。儿女孝敬父母是天经地义的事，父母应当给孩子做一个好的示范。有一个公益广告，相信大家都很熟悉。画面上，妈妈给儿子洗脚。过了一会儿，妈妈走出屋子。儿子出去寻找妈妈，看到妈妈正在给奶奶洗脚。转身，孩子端了一盆水朝妈妈走来。妈妈脸上露出了欣慰的笑容。

这个广告要传递的思想，无非“孝义传承”四字。广告中妈妈的这一行为胜过千言万语，“身教重于言传”，孩子自然而然地受到父母行为的

影响。

孝道包括奉养和孝敬两个方面，传统的“孝道”本身就在要求回报。子游曾经问孔子什么是“孝”，子曰：“今之孝者，是谓能养。至于犬马，皆能有养。不敬，何以别乎？”此话译成现代汉语，即“现在所谓的孝顺，总说能奉养父母的就是孝了。可就是狗和马也都有人饲养它们。如果对于父母只做到奉养，而不以诚心孝敬的话，那和饲养狗、马又有什么区别呢？！”

孔子的话包括两层意思：其一，孝包含了“养”和“敬”两个方面，孩子不仅仅要在物质上奉养父母，同时要在精神上尊敬父母；其二，“养”与“敬”，其中“敬”更是孝之根本。

所以，父母孝敬自己的长辈，包括从物质上的奉养和对精神上的尊重。长期坚持下去，孩子每天受到父母的熏陶，自然从生活中的点点滴滴受到影响。他们看到父母爱爷爷奶奶，自然会学着去爱爸爸妈妈。随着时间的流逝，孩子就会把爱父母和尊敬父母当成一件很自然的事情。而孝本就是从生活的小事中体现，然后再渗透到孩子的思想中去的。

那么父母如何教孩子认识“孝”的重要性呢？

一、让子女懂得回报。父母要通过自己回报的行为来告诉孩子索取应有所回报，培养孩子的回报意识。不然，他们会认为父母对自己的爱理所应当，从而难以形成奉养父母和尊敬父母的意识，这样最终导致孩子不孝。假如父母不求回报，最起码也要让孩子学会尊敬自己。试想一下，如果孩子连自己的父母都不尊敬，又怎么谈得上尊敬别人呢？一个不懂得尊敬别人的人，在社会上又怎么立足呢？

二、不要全家围着孩子转。在生活条件上，现在的孩子相对优越，并且精神上也备受呵护。对于孩子，父母有求必应。如果孩子犯错，父母要管教时，爷爷奶奶、外公外婆纷纷来当救兵，让父母左右为难，无从管教孩子。

殊不知，当全家都围着孩子转时，孩子的地位被抬到高处，从而理所当然地索要和接受一切。他们逐渐形成这样的思想：你们要为我做什么，而不是我要为你们做什么。有了这种思想，他还会孝顺吗？答案不容乐观。

榜样的力量是无穷的，父母是孩子奉行孝道最好的榜样。父母孝敬自己的父母，那么等孩子长大之后，会受父母的影响重新演绎“孝”这一词的深刻含义。

10. 对自己的行为不负责任

当孩子跌倒或撞到东西痛哭流涕的时候，父母便拍打地板或者他撞到的东西给他看，并且恨恨地说：“这东西真可恶，这地板真讨厌，居然让我们的宝宝这么疼。”当孩子把家里的东西弄坏，父母总是悄悄收拾好，并不对孩子进行教育。父母还说：“孩子还太小不懂事，等大了自然就好了。他们不用为自己的错误负责。”这句话听起来真是无知可笑。难道孩子年龄小就可以不负责任吗?

“我爸是李刚”，相信这句话很多人并不陌生。这件事情的本身，世间自有公论。现在，我们来谈谈这句话背后所反映的教子方法。

2010 年 10 月 16 日，李一帆驾驶着一辆轿车在河北大学校区内撞倒两名女生，一死一伤。当时他不仅没有马上下车察看伤者的身体情况，将其送往医院进行救治，反而态度冷漠嚣张，一路疾驰而去。据目击者说，李一帆撞人之后逃逸，被在场的学生及保安拦下，但是，他却没有表现出愧疚的表情，只是说了一句：“看把我的车给刮的，你们知道我爸是谁吗?我爸是李刚！有本事你们告去！”于是，“我爸是李刚”迅速成为网络流行语。

单看这句“名言”，我们就可以体会到说话之人的狂妄嚣张和不负责任。为什么自己撞了人，反而要把父亲抬出来恐吓?何为责任?何为公义?不知道他的父亲看到这句话时，会不会也触目惊心呢?

这件事给我们的教训是，一定不要把孩子教育成一个不负责任的人。这一点必须谨记，否则等孩子闯下大祸就晚了。父母对自己的言行负责，那么孩子才能学着对自己的行为负责。只有父母本身诚实、正直、勇敢、负责任，才可能培养出一位通情达理的小孩来。父母的行为就是一本鲜活的教材。自古以来，上行下效。如果父母做得不好，孩子又怎么做得好呢？有人说，中国的父母最爱孩子，但是又最不会爱孩子。换句话说，就是“中国的父母以极其错误的方式拼命地爱自己的孩子”，而不教孩子敢于担当、勇于负责。

鉴于此，父母应当培养孩子敢于担当、勇于负责的品质，当然这需要父母树立一个负责任的正面形象。如果父母不负责任的行为暴露在孩子面前，那么便会在他们幼小的心灵里种下一颗不负责任的种子。而且，不负责任是从很多小事中渐渐养成的习惯，没有公德心就是一例。很多父母不懂得，培养孩子的公德心也是培养孩子社会责任感的一个方面。父母平时不注意修养和细节，在小事上表现得没有公德心，导致孩子上行下效。时间一久，孩子沾染上的这种随随便便、不负责任的习惯会深入骨髓，从小事变成大事，长大后成为不负责任的人。

总之，一个人应该对自己的行为负责。如果孩子从小就明白这一点，那么等他长大了，做人做事便会懂得“三思而后行”。

第4课

好父母不该有的10种糟习惯

上行下效用来形容父母与子女之间糟糕习惯的一脉相承再合适不过。事实证明，父母有糟糕习惯，子女也会深受其害，成为糟糕习惯的另一个实践者。习惯会潜移默化地影响孩子一生，所以，在这方面，父母不可大意。

1. 说一套做一套

对于孩子来说，父母的重要性胜于老师。如果父母说一套做一套，那么孩子会怎样呢？会早早地精于世故。随着社会的发展，孩子接受消息的渠道也越来越多，父母的言行已经不是他们获得知识的唯一途径。如果父母说一套做一套，他们会很快明白父母言行不一。这样的父母，又如何让孩子信服呢？

有个这样的例子。在小朋过生日的时候，父母想在家里给他开个派对，让他请同学们来玩。听了父母的话，小朋万分不高兴地说："我们班上的同学过生日，哪个不是请到大饭店去祝贺啊！为什么我就不可以呢？这样会被同学看不起的。"

听了儿子的话，妈妈感觉有道理。她怕班里的同学看不起自己的孩子，于是咬咬牙答应孩子的要求。小朋生日这天，很多同学都来庆贺。他们带着自己的礼品，有的还带着红包，其中一个同学居然花了几百块钱买了昂贵的玩具送给小朋。小朋的父母感到十分震惊。他们没想到，现在孩子间的送礼之风居然到了这种程度。

生日会结束后，小朋的父母问小朋："怎么同学们都送这么贵重的礼物呢？"谁知小朋不屑地说："这算什么啊，大家都是这样的。"闻听此言，父母不由得紧张起来。长此以往，小朋肯定会养成大手大脚的习惯，这怎么得了？

于是，小朋的父母对儿子展开了思想教育。结果儿子反过来质问他们：

“你们大人交际，不也是这样吗？前几天妈妈同事结婚，不也送了 300 块吗？爸爸单位有人的儿子考上了大学，不也出了 300 块吗？科长家乔迁新居，不是也出了 500 块吗？你们大人交际能花钱，为什么我就不能花钱呢？”

父母一想，事实也确实如此。父母说一套做一套，孩子怎么能接受呢？如果就这样强迫孩子接受自己的观点，也是没有说服力的啊！

为了解决这个问题，两口子连夜商量应对之策，决定换一种交际方法。

面对收到的结婚、乔迁新居、生孩子、满月等名目繁多的请帖，小朋的父母改变过去的习惯，用新方法进行交际，比如打电话或发手机短信祝贺，或者给远方的亲友快递礼品。为了让儿子受到教育，小朋的父母还特意当着孩子进行了这一切活动。过年的时候，父母也不让小朋随便接受别人的红包。另外，父母带着他走亲访友，让他看到父母并不给压岁钱，而是送亲戚家的孩子一份他们喜欢的礼物来表示关爱，比如一本书或者一个文具等等。小朋亲眼看到父母的“绿色”交际，自然受到影响。

第二年过生日的时候，小朋再也不爱慕虚荣，让父母浪费很多钱来为自己过生日。通过父母的行为，小朋懂得了一个道理，即交朋友要心交，而不是物交。

从上述事例，我们不难得出结论。只有父母以身作则，用自己的行为给孩子做示范，孩子才会从心里真正地认可并接受父母的教育。

现在的孩子已经不比从前，父母只管吃饱穿暖就行了。如今社会竞争越来越激烈，父母对孩子的期望也越来越高，从而要求父母给孩子良好的教育、较高的起点。而孩子的成长和父母的教育又是分不开的，如果我们给孩子树立了一个负面的形象，又如何保证孩子向我们要求的方向发展呢？

“孩子的眼睛是录像机，耳朵是录音机，头脑是计算机”，这个比喻形象地告诫我们，不仅要言传，更要注重身教。父母无论克服什么样的困难，也绝不

能说一套做一套，否则，孩子会无所适从。

为人父母首先要为孩子做好榜样，以身作则是实行教育的基础。父母出于爱护常常问孩子被人欺侮了没有，但是却很少有父母问孩子做错了事没有，或撒谎了没有。

这时，父母难道没有察觉自己正在不知不觉地拒绝道德呢？你的这种行为能把孩子引向正道吗？很多父母特别注重孩子背唐诗或做数学题，也热衷于让孩子学音乐学美术，以培养孩子的兴趣，激发孩子的潜力。可自己却天天搓麻将、逛街和打牌，从来没有坐下来看书的习惯，又怎么期望孩子认真读书呢？

如何教育孩子？如何开发孩子的潜力？社会上存在许多种观点。但是千变万变，有一点不变，那就是父母要把做人放在第一位，要言行一致。这样一来，孩子自然也就会近朱者赤。

2. 不自觉遵守社会准则

一个优秀的孩子会遵守社会准则，具有同情心和爱心，往往受到大多数人的喜爱。

那么，通常情况下，社会准则主要指哪些方面呢？

最基本的社会准则就是遵守公共秩序。孩子将来必定要走向社会，遵守公共秩序是最起码的要求。试想一下，如果孩子不能在图书馆里保持安静，不能在公交车上给老人让座，也做不到在公园里不践踏花草等，那么他能成为一个受欢迎的人吗？

爱护公共设施，爱护公共财物和文物古迹，这些是一个合格公民的行为举止。无论走到哪里，我们都不能随意破坏环境，要爱惜一切公共财产。只有这样，我们才算是具有社会公德的人。

另外，我们还要维护公共场所的卫生，做到不随地乱扔东西，不随地吐痰，不乱写乱画等；热爱公益事业，参加爱心活动，积极帮助需要帮助的人们。

有一次，我曾经在马路边看到这样的一个场景。

妈妈牵着幼小的女儿刚走到斑马线处，红灯亮了起来。妈妈拉住孩子的手站住了，说："我们等绿灯亮了再走。"此时，有位年轻男子见车不多，迅速穿过了马路。女儿用稚嫩的声音说道："妈妈，那个叔叔都过去了，我们也过去吧。"妈妈认真地说："不行，不能闯红灯。"女儿有些不高兴，她用力摇着妈妈的手说："可是那个叔叔已经过去了，不也没事吗？"

妈妈告诉女儿："那个叔叔做错了，如果当时有一辆车开过来，他一定会受伤的。如果每个人都像他那样闯红灯，那么这条马路就没办法走了，会乱套的。交通秩序混乱很容易造成交通事故。遵守交通秩序，才是好孩子。"

听了妈妈的话，女儿乖乖地站在旁边，等绿灯亮起才走。

也许有人会对这位妈妈的话不以为然。但是，遵守公共秩序并非小事。孩子要是养成乱闯红灯的习惯，那么他的人身安全便将成为大问题。大人是孩子的榜样，如果当时妈妈没有阻止女儿，而是直接穿过马路，那么就等于变相鼓励孩子违反公共秩序。以后，她对孩子的教育就会成为问题。在生活中，母亲以身作则，让孩子从心理上受到影响，可以帮助儿女建立社会公德的意识，从而树立良好的道德意识。

养成良好的行为规范是孩子成为一个优秀的人必须具备的条件之一。如果孩子拥有良好的品质，那么在社会立足和发展的机会便会增大。孩子必须像学习其他事情那样，认真学好这一门技能。但是，父母千万不要忘记，你是他们最好的老师，也是最初的老师。当你教育孩子的时候，一定要认真地想一想，自己是否做到了这一切。

父母在教育孩子遵守社会准则的时候，一定要认真，千万不能欺骗孩子。你可以骗他一次或者两次，但是你不可能骗他一辈子。到合适的时候，父母应该告诉他什么叫做行为准则，同时还要在生活中处处做出榜样。当孩子长大后，他们就会意识到遵守行为准则是建立在彼此的责任和义务的基础上。

同时，在教育孩子的过程中，父母一定要不厌其烦。我们不要让孩子盲目地顺从，辩论和规劝好于强迫；不要强迫孩子去做他们不愿意做的事情，那只会导致一场意志和情绪的对抗。我们所要做的就是耐心地和孩子讨论"为什么这么做是错的，而那么做又是对的"。孩子虽然知识和经验有限，但是强大的好奇心会促使他们学习。如果父母给他们一个正确的指引，那就一定可以做得更好。父母不要总是插手孩子的事情，也不要处处命令孩子听从自己的指挥，否则，教育结果会不尽如人意。父母可以示范，让孩子看到并亲身感受到是非对错。

孩子尚小，父母靠施加压力来让他们去做什么，他们不一定能听懂，也不一定能理解这样做的意义。如果此时父母用自己的行为来示范，那么他们虽然不明所以，但会记住这样做是可以的。等孩子稍大一些，父母再讲解给孩子听，孩子自然就会理解并形成习惯。父母应当教孩子各种社会行为准则，而社会行为准则都在人与人的社会交往中得到体现。因此，父母教育孩子养成良好的行为习惯，最好的方式是你用自己的行为给孩子树立良好的榜样。

3. 做事情没有计划

很多父母反映自己的孩子做事没有计划，想起什么做什么，往往是做了这件便忘了那件，到头来什么事情也做不好。但这些父母却无人反省自己做事是否可以更有条理，是否能按计划完成手头上的事情。

父母具有逻辑思维能力，能全面考虑和处理问题，但是，他们能不能做到全面，则与父母的性格有关。至于孩子，由于年龄还小，逻辑思维能力不强，处理问题缺乏系统性，此时，父母应该教孩子做事的原则和道理。做事鲁莽草率的父母，不可能培养出一位做事井井有条的孩子。

军军的妈妈说，自己的孩子总是喜欢拿起画笔，想都不想就左一个圈、右一个圆的。妈妈问他“画什么”，军军摇摇头说：“哎呀，别问了，我也不知道画了什么！”她对此感到无可奈何。

有一次，小表妹来军军家玩。两个孩子高兴地聚在一起堆积木。过了一会儿，小表妹搭出来一座漂亮的花园，但是军军却乱七八糟堆了一堆，自己也不知道自己要做什么。

小表妹纳闷地说：“你打算盖什么呢？是要盖动物园吗？”

军军非常苦恼地说：“我也不知道。我开始想搭一座大桥，后来又想做一个工厂，最后，我也不知道要做什么了。”他的话把小表妹逗得呵呵直乐。

妈妈过来训军军，他却理直气壮地反驳：“妈妈，你有的时候不也不知道自己要做什么吗？有一次你带我去超市买东西，我们在货架旁边转来转去转了好久，你都不知道要买什么呢！”听了军军的话，在场的人都笑了起来。

可见，军军做事没有计划，和军军妈妈不无关系。

这样的例子很常见。许多父母都反映孩子做事缺乏目的性、针对性，做事效率低下。但是，他们自己本身做事也从来都是如此。所以，孩子的习惯多少受到父母的影响。如何培养孩子按计划做事，已成为许多父母关心的一个问题。

那么，父母除了改变自身的不良习惯，给孩子起到良好的带头作用之外，还需要做些什么呢?

孩子做事盲目是对手头的事缺乏思考和计划的表现。盲目行事不仅会降低做事效率，而且会降低做事质量。父母想帮助孩子改变，那么在活动之前，就要提醒孩子：“这次要做什么？想要达到什么样的目的？”在活动中，父母要注意引导孩子，让孩子按既定目标来进行。比如父母陪着孩子搭积木，孩子想用积木搭建一个花园，可孩子放了几块积木之后，就不想再玩了。父母可以及时提醒：“你想搭一个什么样的花园呢？是大的还是小的？里面有假山吗？”几句话一说，孩子就会想：哦，对了，我这是在堆积木呢！

当然，在活动中，孩子也会遇到一些干扰因素，比如同伴行为等。这些都可能转移孩子的注意力。在这个关键时刻，父母一定要把孩子的注意力集中到他所做的事情上。渐渐地，孩子就会养成做事有计划的习惯。

孩子做事没计划，说明孩子的逻辑思维能力不强，处理问题缺乏系统性。因此，父母一定要注意培养这方面的能力。如果不及时加以纠正和培养，严重点可能导致孩子做事鲁莽草率，对人生缺乏整体规划，一生浑浑噩噩。

父母也要注意纠正自己做事无计划等不良习惯。如果父母自己也是想起一出是一出，比如动不动“坏了，我又忘记扫地了。”“对了，昨天泡在洗衣机里的衣服还没有洗呢！”那么孩子极有可能成为你的翻版。父母要让孩子懂得计划、目的能使人做事有方向。这就好比一场旅行，如果人们事先没有计划，漫无目的地乱乘车，最后是无法到达终点的。在生活中，如果我们心中没有想法，无计划地盲目行事，最后当然什么都做不出来。

当然，父母帮孩子完成计划要循序渐进，切不可操之过急。一开始，父母可以协助孩子制订计划，让孩子形成“计划”的概念。

一段时间后，父母可以试着引导孩子自己制订计划。同时，我们应当告诉孩子，如果作了计划，就要沿着既定的方向执行下去，不可半途而废。在这个过程中，父母应当注意督促孩子执行并完成计划。习惯一旦形成，孩子就能统筹安排自己的活动。

4. 没有上进心，整天无所事事

有位父亲曾给我打电话说，自己的孩子没有上进心。班上竞选小队长，孩子居然不屑一顾，这让他很是担忧。孩子这么小就没有上进心，长大了可怎么呢?

面对这位父亲的“投诉”，我微微一笑，然后我提醒他：“上次我去你家，你不是还当着孩子的面说当官没意思，不如就安心做一个小职员好啦！”他一听，不好意思地住了嘴。其实，事实也的确如此。这位朋友是公务员，常常提前下班回家，在家里玩游戏或打麻将，表现得无所事事。他自己这样，却期望孩子能好好学习、天天向上，这可能吗?

当然，孩子没有上进心，原因是多方面的。但是，父母的影响是举足轻重的。

国外曾经有人做了这样一个试验：给三个孩子作出暗示，并且区别对待。对一号孩子天天进行表扬，对二号孩子经常进行批评，对三号孩子则置之不理。一段时间过后，一号孩子取得很大的进步；二号孩子变得自暴自弃；三号孩子表现得没有上进心，整天一副无所谓的样子。可见，孩子性格的形成，与父母的教育及周围环境的影响紧密相关。

很多父母年龄逐渐增大，自我感觉升职无望，加薪希望渺茫。因此，他们没有了上进心，整天无所事事地混日子。殊不知，他们这样已经让孩子受到影响。也许你的孩子并不甘于平庸，但在你的“熏陶”下，难免会对社会灰心失

望，从而丧失上进心。

有的孩子之所以现在不积极努力，并不是因为他天生没有理想，而是他曾经为理想所做的努力没有得到父母的肯定。试想一下，父母本身没有进取心，对于孩子身上表现出来的这一亮点，会不会注意并且大加赞扬呢？只怕父母连亮点都没有注意到吧。

同理，如果孩子在学习或生活中取得的成绩得不到肯定，做错的时候也无人批评，那么他们就会变成没有人理睬的“闲置品”。长期下去，孩子就会变得没有上进心。此时，父母再期望孩子能有惊人成就，不是痴人说梦吗？

去年有个孩子的父母来咨询，他们觉得孩子学习不好，担心影响中考升学。于是，他们决定让孩子上一个学习班，但是孩子却死活不同意。父母说孩子没有上进心，就知道玩。他们希望我能帮他们说服孩子。

我认为不能偏听父母的一面之词，于是，我先看了看孩子的各科试卷。他的父母没有说错，孩子成绩确实不好。既然如此，为什么孩子不接受父母的安排呢？

我问孩子：“为什么不愿意学呢？”他说：“我就是不想学，不想费那个劲。”我忍不住笑了：“你还真坦诚啊！那如果老师能帮助你进步呢？”孩子抓了抓自己的头发，没再说什么。

于是，我又说：“找一个特别强又特别有耐心的老师帮助你学习，好不好？我认识一位很不错的老师，你要不要试试？”孩子看着父母期待的目光，不好意思地点了点头。

我继续劝他：“只要你好好学习，按老师的要求去做，那么期中考试时，你的成绩会突飞猛进。你会像一匹黑马，一下子在班级里突显出来。到时，老师会大吃一惊，所有同学都对你刮目相看，你想要那种感觉吗？”

这一次，他非常坚定地点点头：“嗯！想！”父母见孩子同意了安排，心

里非常高兴，立刻给孩子去学习班报了名。一个月后，孩子的成绩有了明显的提高。再见到孩子的时候，他告诉我其实他可以考得更好。他要继续努力，超过班里所有的同学。

通过说服这个学生接受辅导的过程，我发现，其实每个孩子心中都有理想，都不甘心平庸，只不过受父母的影响，他们可能没有把这一点表现出来。孩子的想法需要父母的肯定，更需要父母的支持。父母的任务是给孩子的前方点亮一盏灯，让他看到目标，看到希望，看到光明。然后，孩子将一步步改变这种无所事事的状况。

此外，有的孩子没有目标，与父母的引导方法不无关系。有的父母不善于使用鼓励的方法，总是不停地指责和批评。在这种情况下，孩子自然难以有上进心。父母要鼓励孩子，要让孩子懂得拥有上进心的重要性。

上进需要氛围。如果父母积极上进，孩子会受到感染，也会变得积极努力。父母可以每天给孩子讲一些积极上进的故事，或者以“现身说法”来激励孩子。孩子耳濡目染，自会受到启发，从而变得积极向上。

5. 懒惰也是一种病

有一次，许多父母在一起聊天，说起懒惰的事情。

有位母亲感叹，现在的孩子怎么越来越懒，什么事情都要让父母来做。有的孩子明明自己可以倒水喝，却喜欢支使父母；有的孩子明明可以自己整理房间，却故意让它乱糟糟；甚至有的孩子连作业都找人代笔而不亲自完成。这样下去，孩子怎么得了？这可真让父母着急。

有的父母干脆说："我觉得孩子的懒惰都成一种病了！"

这句话可真没说错，孩子的懒惰的确成了一个必须正视的问题。然而，孩子今天这么懒，父母难道就没有责任吗？

有的父母太勤快，总是大包大揽地为孩子代劳所有事情。孩子无事可做，自然变得懒惰。有的父母自身很懒，懒得过问孩子的一切事情，孩子懒也就情有可原了。对于孩子来说，父母的教育方式十分重要。教育方式不得当，再加上自身的坏榜样，结出来的"果"可想而知。因此，父母要不时地给孩子锻炼的机会，否则真的等到孩子"五谷不分"可就晚了。

孩子懒惰是个危险信号，父母一定要及早培养孩子的动手能力和勤劳的品质。在不同阶段，应采取的方法也相应不同。父母要懂得循序渐进地培养孩子的动手能力，不能给孩子偷懒的借口。

然而，孩子懒不懒，父母怎么判断呢？

有很多标准可供父母参考，其中之一就是根据孩子的年龄能做什么事而又没有做或是没学会做。举例来说，按照目前各大医院儿保科通用的 0～2 岁婴幼儿神经心理发育标准，一般要求9个月大的婴幼儿要学会部分生活自理，12个月的孩子穿衣应该知道配合，15个月应该会自己脱袜子、穿鞋等。但是，现在的孩子普遍达不到要求。

有的孩子再大一些，就应该会自己动手洗衣服了，但是他们却可能连袜子都不会洗。难道你能说孩子笨吗？智力测试的结果显示，孩子很聪明，只是缺乏动手能力。那么，这种情况又是如何造成的呢？

原因在于很多父母根本不给孩子锻炼的机会。孩子生活上有什么事情，父母总是处处包办；孩子要做什么事情，父母恨不得代为上阵。父母替孩子整理房间、洗衣服、穿衣服等，这些事情在我们身边司空见惯。一个孩子，一家人围着转。因此，孩子遇到事情，首先想到的是叫大人过来帮忙，而不是自己动手去解决。时间长了，孩子能不养成懒惰的习惯吗？孩子变懒，又能怪谁呢？

我曾经从网上看到过这样一则消息，一个孩子2岁了，父母还在给他用纸尿裤。正常来说，孩子1岁以后就可以完全不用纸尿裤了，同时，父母还要有意识地训练其定时排便能力。如果都像这个孩子这样，那么以后父母和孩子都可能麻烦不断。

毫无疑问，是父母的种种做法促成了孩子“四体不勤，五谷不分”，处处依赖父母。还有些孩子天生“懒”，不爱动，这与其“气质”有关。孩子内向、安静，做事情慢腾腾，这并不是真正意义上的“懒”。要改变孩子与生俱来的气质，当然有一定的难度。但是，只要父母有心，积极对其进行教育和有目的的训练，再加上父母本身以身作则，那么孩子的情况是可以转变的。孩子极具可塑性，关键在于父母能否适时地引导孩子。

改变一个“懒”孩子，父母要注意持之以恒和统一意见，别让孩子钻家人之间不同教育方式的空子。同时，父母培养孩子良好的自理能力和劳动习惯，要从生活的点点滴滴做起。我们要给孩子更多的机会进行锻炼，并提出适当的要求，让孩子朝“勤快”的目标前进。

6. 礼貌只做表面功夫

一个待人礼貌的孩子总是受人欢迎的。父母教孩子从小懂礼貌，对他以后与人相处很有帮助。

然而，有的父母只把礼貌流于表面，内心却不具有相应的修养；有的父母在外彬彬有礼，举止斯文，回到家中却满口脏话，粗鄙不堪；有的父母用轻蔑的语气命令和责备孩子，让孩子从小没有被尊重的感觉。那么，身处这种环境，孩子又怎么能学会以礼待人、尊重他人呢？

一次在路上，我看到一个孩子接过妈妈手中的蔬菜，替妈妈拿着。当时，他的妈妈说了一句“谢谢”，孩子乐呵呵地回道“没关系”，然后又将妈妈另外一只手中的东西接了过来。当时旁边的人就笑了：“真没见过你这样的母亲，对自己孩子用不着这么客气吧。”妈妈却对这个人说：“我和孩子说话礼貌是为了让孩子感受到重视和平等，这样以后他才会懂得礼貌待人。”可见，相互尊重是让孩子学会礼貌待人的一条有效途径，这位妈妈的行为值得推崇。

生活中，多数彬彬有礼的孩子背后都有一个文明友爱的家庭，他们是在生活小事中习得礼貌的。父母教育孩子懂礼貌，要先从自身做起，不要让礼貌流于表面。

有人说，教孩子学礼貌，不就是简单地说上几句“请”“谢谢”“对不起”之类的话吗？这很容易。其实，这只是表面的礼貌，真正的礼貌在人的内心，也是孩子行为修养的一个重要方面。

父母应该正确地引导孩子感悟礼貌，而非强迫孩子执行礼貌。孩子就像一

棵小树苗，成长需要父母正确地浇水施肥。如果父母强迫孩子执行礼貌行为，就类似于揠苗助长，表面成功而实质失败。

有一次，我送给朋友的孩子一份礼物，孩子很高兴，迫不及待地想要拆开。这时，他的妈妈紧张地责备道："你干什么呢？赶紧住手，当着客人的面拆开包装是非常不礼貌的，懂吗？对了，你收到叔叔的礼物，应该怎么说呢？"

孩子受到训斥，自然不高兴。于是，他怏怏地说："谢谢！"

妈妈笑了："这才是个好孩子嘛。"

然而，我却分明看到这位"好孩子"的嘴巴撅起老高，很不高兴。这样的礼貌教育，又怎么能取得好的效果呢？它完全是流于表面的一种生硬说教。下次，孩子极有可能再犯。而今天，很多父母采取的都是这种方法。其实，父母当着客人的面训斥孩子，于客人于孩子都已经很不礼貌。在这种情况下，孩子虽然学会表面的"对不起"或"谢谢"，但内心根本体会不到这些字的含义。他们没有得到父母的尊重和礼貌相待，又怎么会礼貌待人呢？

父母都希望自己的孩子有礼貌。因此，在对孩子进行礼貌教育的过程中，父母一定要深入孩子的内心世界，如同春风化雨，用自己的思想去熏陶，用自己的行为去感染，绝不能让礼貌流于表面。要知道，自己便是孩子学习礼貌待人最好的课本。教育孩子懂礼貌应当循循善诱，适时鼓励孩子使用敬语、礼貌用语来交流。这是成功父母的经验，也是公认的好办法。

7. 把所有的时间用于玩乐

孩子把所有的时间用于玩乐，他们的父母负有不可推卸的责任。父母没有时间陪孩子，从而用物质和金钱来满足孩子，等于变相给孩子沉溺玩乐的机会，这无异于拿孩子的前途开玩笑。当然，有的孩子是富二代，完全不必担心自己未来的物质生活，但即便如此，父母难道就希望自己的孩子成为社会的寄生虫吗？

据某报报道，2010年的暑假开始不到一个月，天津市一些中学生的各项消费总和已超过万元，其消费内容不外乎吃穿玩乐等，且这种现象有愈演愈烈之势。

然而，吃喝玩乐的资金从哪里来呢？是父母的支持。如果没有父母往里面砸钱，相信孩子没有吃喝玩乐的资本。一些父母认为：“如今生活富裕，不能让孩子再像自己当年那样苦。”在这种心理的驱使下，他们尽可能地为孩子花钱。可孩子用这些钱来吃喝玩乐，不但无益于学习，还会让孩子产生攀比心理。同时，孩子在这上面浪费时间和精力，自然耽误学习。父母以如此方式满足孩子，只会害了孩子。

此外，难道这些父母真的那么富裕？他们的钱就真的花不完吗？事实并非如此。那些“吃喝玩乐”的孩子，很多来自普通家庭。有的孩子的父母甚至每个月的收入只有几百块，却总是节衣缩食省出钱来满足孩子。他们觉得，我自己没本事，但不能让孩子在同学面前太寒酸了。

生命有限，孩子精力也有限。他们将大量的时间用于吃喝玩乐，那么用于学习的时间还剩多少呢？事实上，很多孩子在吃喝玩乐的同时，学习成绩也在下降，所以父母应该通过孩子的行为重新审视自己的培养方式。

在孩子成长的过程中，还是应把主要精力投入学习。爱玩固然是孩子的天性，是孩子生活中重要的一部分。但是，把非理性的吃喝玩乐当成生活的全部，就是孩子成长走入歧途的危险信号。父母必须充分明白这一点，适时敲响警钟，让孩子真正懂得“一寸光阴一寸金”的意义。

至于具体实施方面，父母要从自身和孩子两方面着手，帮助孩子扭转错误意识并纠正错误行为。一方面，父母要分配一些时间陪伴孩子，给予孩子的零花钱应当适量，并正确引导孩子合理使用，防止孩子沉溺于吃喝玩乐；另一方面帮助孩子将精力转移到学习上来，让孩子养成良好的学习和生活习惯，让他们懂得在其位谋其政，当下最主要的任务是什么。同时，父母可以和孩子一起制订一个时间表，合理分配课余时间，并严格执行。当然在这个过程中，父母需做好监督和鼓励工作，帮助孩子养成良好的习惯。

8. 不读书，不学习

在孩子学习的时候，有的父母打开电视机，看得津津有味；或者坐在电脑前，玩得不亦乐乎。如此“榜样”，孩子怎么能安心学下去呢？孩子年龄尚小，自我控制能力不够强，自然特别容易受到父母行为的干扰。

我家亲戚有一个上小学的孩子，他总是不按时完成作业，对读书一点儿兴趣都没有。家里人想了许多办法都没效果，孩子的学习成绩越来越差。

有一天，父母把孩子叫到身边，平静地问孩子：“你将来想过什么样的生活？是过爷爷、奶奶一样的生活，还是公公、阿婆一样的生活，或是过爸爸、妈妈一样的生活？当然你也可以选择过舅舅、舅妈、大伯、大妈以及别人那样的生活。”

孩子认真想了想，说想过姑姑那样的生活。孩子的姑姑在大学教书，人们提起她都交口称赞。在孩子的眼中，姑姑就是榜样。

于是，父母又问孩子：“你有什么本领能过上姑姑那样的生活呢？”孩子左思右想了很久。最后让父母感到意外的是，孩子居然说：“如果过不上姑姑那样的生活，那就过你们这样的生活也挺好啊，至少可以不用学习，也不用去读书。爸爸可以天天玩电脑，妈妈可以天天看电视，而我天天写作业！”

刹那间，父母的脸都红了。父母是小公司里的职员，生活过得很平常，他们不写作业不学习，但至少可以玩，这就是孩子眼中的父母。孩子的话让

父母感到羞愧。

学习和读书难道只是孩子的事情吗？当然不是。家庭教育是孩子成长过程中不可缺少的一部分，而在学习上，父母对孩子的影响不可小觑。很多时候，父母以为只要督促孩子学习就尽到了自己的责任，却没想到孩子成绩不好和自己所做的“坏榜样”有关。父母自己不能以身作则，有什么资格说孩子呢？“只许州官放火，不许百姓点灯”，自然会让孩子备感委屈。在孩子做得不好的时候，父母还训斥责孩子，孩子觉得这简直没天理。这也许是孩子厌学的重要原因之一。

在这种情况下，父母必须做出改变。父母要给孩子做出一个爱学习的好榜样，让孩子认识到学习的重要性。打骂孩子、妄图让孩子在暴力的胁迫下爱上学习，这种做法从根本上就是错误的。面对孩子的厌学情绪，父母首先应做的不是指责和批评，而是示范。同时，在家中营造一个良好的学习氛围，孩子会不自觉地受到影响，从而加入到学习的行列中去。

父母的改变，孩子一定感受得到。学习上进的父母远比打骂责备孩子的父母更具说服力。不要等到孩子来质问“你都做不到的事情，凭什么来要求我”时，父母才知道反省。

当然，刚开始学习，孩子感觉很辛苦、不喜欢，是很自然的事情。孩子缺乏学习兴趣，于是上课没有精神，从而学习成绩差，产生厌学情绪，这将十分不利于孩子学习信心的树立。而父母所要做的就是帮助孩子树立起信心，激发孩子的学习兴趣。

在学习过程中，有的孩子无法掌握学习技巧从而不能好好学习。此时，父母要耐心地进行讲解。我们可以先初步浏览孩子的学习内容，做到心中有数，然后有针对性地分步讲解。通过这种方法帮助孩子学习，会使难度大大降低，而孩子的学习兴趣将逐步增加，那么他们在学习中产生的挫败感也会一扫而空。渐渐地，孩子将喜欢上学习。

此外，父母要经常过问孩子的学习情况，时不时与孩子交流一下学习的思想，让孩子感受到学习的乐趣。当孩子取得进步，父母要适时给予鼓励。父母也可和孩子一起学习，建立浓厚的学习氛围。如此耳濡目染，孩子将变被动学习为主动学习，取得良好的学习效果。

9. 拿别人来比较

孩子说：“最讨厌父母老是拿我和别人比，他们既然认为别人好，就让别人做他们的儿子好了。再说我又不是不想学好，我也在努力啊。可为什么我的优点他们完全看不到呢？”其实，孩子说这话也是出于无奈。因为太多父母喜欢拿自己的孩子与其他小孩比较，而且比出来的结果总是人家的孩子更优秀。

有个孩子学习成绩永远考第一，家务永远都做得特别好，永远都听爸爸妈妈的话，永远是老师最喜欢的学生……这个孩子，就是父母嘴中别人家的孩子。在许多父母眼中，别人家的孩子才是最好的，而自己家的孩子永远不能令自己满意。

每次女儿考试过后，老张都会关心女儿班里的成绩情况，老张的盘问可能比警察问讯还仔细，比如“你们班最高分多少？”“90分以上的有几个？”“不及格的有几个？”老张认为自己这是关心孩子。然而，接下来老张要说的话，他女儿的耳朵都听出茧子来了。“你就不能像某某那样考第一名吗？”本来孩子考得不错，可这话如一盆冷水，浇得人兴致全无。她本来这次取得了进步，可是老张却压根儿没有看到。他仍是习惯性地训斥女儿，让女儿很伤心。

父母说这些话的初衷或许是为了孩子好，以刺激孩子的上进心。然而，父母的这些话也可能让孩子产生厌恶心理，从而反感学习。既然父母看不到自己的努力和进步，只是一味要求自己考并不容易获得的第一名，那自己学习又有什么意思呢？

一个家庭有两个孩子，老大是女儿，老二是儿子。几年前，女儿以优异的成绩考上重点大学。相比之下，儿子在学习方面差了很多，有时考试还不及格，父母为此很伤脑筋。在儿子的书房里，贴着两张成绩单。一张是女儿的，各科成绩都在 90 分以上；另一张是儿子的，分数让人触目惊心。

父母把两张成绩单贴在一起，自然是希望儿子能向女儿学习。“什么时候你能像你姐姐那样考上重点，我就放心了。”他希望这些话能激发儿子的学习斗志，正如他自己所说：“我就想给他点压力，让他自觉地向她姐姐学习。”

可是，这样做真的有效果吗？儿子愤怒地喊道：“我只想成为我自己！为什么你们总想让我变成姐姐那样的人？”

诚然，每个人都是独特的。没有人喜欢生活在他人的阴影之下，孩子也是一样。父母将孩子同别人比，让孩子站到他人的阴影里，自然会令孩子反感。

专家曾谈到这样一个奇怪的现象：15 个中国孩子与 15 个外国孩子一起进行某项测验并进行评分。结果公布后，中国的父母绝大部分表示不满意，而外国的父母则大都表示满意。实际上，外国孩子的成绩还不如中国孩子！这件事情反映出中国的父母习惯用挑剔的眼光来看待孩子，而外国的父母则习惯用欣赏的眼光看待孩子。而将自己的孩子与别人的孩子进行比较，正是父母挑剔的表现。

开明的父母将理解孩子，善于发掘孩子的闪光点。只要孩子今天超越昨天，明天超越今天，那就是十分值得肯定和鼓励的事情。比来比去，孩子的压力会被扩大化，这样对于孩子的身心发展十分不利。而且父母不考虑孩子的实际情况，进行盲目的比较或者提一些不切实际的要求，只会伤害孩子。久而久之，他们会产生自卑心理，表现出一种茫然和焦虑的心理状态。

研究也发现，让孩子将自己的现在与过去做纵向比较，孩子会逐步超越自我，变得越来越自信，并且能够更好地适应这个社会。因此，父母一定注意，不要盲目地拿自己的孩子与别人家的孩子进行攀比，须知这种做法实属不智。

10. 不合格的餐桌礼仪

在国外，人们常常把餐桌礼仪教育看做是品德教育的入门课。一个人只有在餐桌上表现出良好的风度，他才是一位标准的绅士。我国自古以来就是礼仪之邦，也大力提倡素质教育，重视孩子的礼仪水平的提高。俗话说，站有站相，坐有坐相，吃有吃相，睡有睡相。这里说的“吃相”就是指餐桌礼仪。然而提到餐桌礼仪，可能很多父母就会联想起自己的孩子在餐桌上的表现。

在餐桌上，有的孩子会伸长手抓最爱吃的菜；有的孩子会在嘴里塞满饭菜时口若悬河、唾沫横飞……这些不合格的餐桌礼仪，究竟是谁教他们的呢？

无疑，父母反思的时候到了。从孩子上餐桌的第一天起，父母就应该对孩子进行有形或无形的“进餐教育”，帮助孩子形成良好的餐桌礼仪。要想让孩子具备良好的餐桌礼仪，那么，父母首先应在餐桌上培养孩子谦和有礼的品质。孩子好美味很正常，想吃什么就吃什么，父母也不必限制孩子的饭食喜好。但是，父母一定要教孩子行为举止落落大方，礼貌地表达自己的要求，这是具备餐桌礼仪的前提。

一个细节折射出一个人的素养乃至一个社会的文明程度。餐桌礼仪就是如此。当然，餐桌礼仪并非指时时扮绅士装淑女，而是一种从内心流露出来的修养。在简陋的环境下，它可以是接过别人递给的食物后轻轻的一句“谢谢”。在餐桌上，孩子要懂得如何谦让客人，如何尊敬长辈，如何制造出一种轻松、愉快、和谐的气氛。

不浪费食物，是父母要教孩子餐桌礼仪的另一个方面。也许食物不好吃，但把自己碗中的食物吃完是珍惜粮食的表现，不然会给别人造成浪费食物的不良印象。进餐时，父母要让孩子按“量”取物，“量”即自己的食量。这样将有利于孩子形成勤俭节约、珍惜粮食的好习惯。同时，父母还要教孩子在餐桌上“少说为妙”。

在我国，餐桌往往是谈话聚会的好地方。在餐桌上，聊天是常见的事情。但是，从卫生和餐桌礼仪的角度，餐桌上的“津津乐道”都是不合时宜的。特别对于孩子来说，过于热闹的进餐环境会影响孩子进餐的专注程度，让孩子从小养成边吃饭边说话的习惯，形成不良的餐桌礼仪。因此，进餐时父母应尽量减少与孩子的交流，专注用餐。

此外，日常的生活中，父母要多教孩子一些基本的餐桌常识。比如吃饭时，取菜尽量取自己面前的，不要在菜碟中翻来覆去地找；小心进食带汤汁的菜，注意不要弄脏自己的衣服；吃完饭后，放下筷子并礼貌地说声“请大家慢用”，再离开餐桌。父母告诉孩子这些，除了能够加强孩子的修养外，还可以培养孩子小心细致的习惯。

罗马不是一天建成的，孩子的良好餐桌礼仪的形成需要父母不断地教育和孩子长期的练习。父母的一言一行会直接影响到孩子。每个家庭都应当重视餐桌礼仪教育，善于抓住契机并循循善诱。如此，相信合格的餐桌礼仪将离孩子们不远。

第5课

好父母学会与孩子交朋友的10个秘诀

基于亲子关系的特殊性，父母对孩子进行教育，孩子容易接受。在孩子眼里，父母是他们最亲最爱的人。因此，父母要成为孩子的朋友，须保持良好的沟通，平等倾听孩子的心声。好的亲子关系，胜过任何学校的教育。

1. 对每个孩子都给同样的爱

每到节假日，孩子们总聚在一起玩。

我去老赵家串门，就看到这样一幅情景。一群孩子挤在一起，不时发出阵阵笑声，很是开心。老赵笑呵呵地说，以前孩子们住在单元楼里，彼此之间非常陌生，互不来往。放学后，孩子也只能在家里写作业或独自一人玩耍。孩子本来就只有两个玩的时段：上下学的路上和课间 10 分钟。上下学的路上是最好的玩耍时间。可是，有的孩子由父母接送，同学间的接触就只剩下了课间 10 分钟。如此短的时间，孩子之间无法进行过多的交流，因此也不能交到很好的朋友。所以，孩子往往感觉到孤单。老赵觉得孩子非常可怜。

看到孩子整天不开心，老赵决定改变这一现状。于是，他让孩子主动请小朋友来家里玩。当孩子的同学来家里的时候，老赵一视同仁，把这些孩子当成自己的孩子一样看待，让他们尽情地玩，有好吃的就每人一份。时间久了，孩子们都愿意来他家玩，周末甚至会提前约好集合时间。

受到老赵的影响，其他父母同样也让老赵家的孩子去他们那里玩。如此，老赵家的孩子有了很多小伙伴，而且性格也变得开朗起来。这些小伙伴中有的学习成绩好，有的足球踢得好，还有的绘画好……孩子通过和伙伴们一起交流互动，学到了很多有用的知识，还玩得更加开心，交了很多好朋友。除了给孩子们物质上的关照，老赵有时还会和孩子们一起玩，一起交流感想，说说最近发生的一些有趣的事情。这种交流让孩子们觉得他非常可亲，很喜欢他，将他

视作是自己的大朋友。

其实，孩子幼小的心灵都很敏感，当他们到同学家去玩的时候，非常在意对方父母的态度。父母对孩子的朋友态度冷漠，爱答不理，那么，下次孩子们肯定再也不想来了。时间久了，孩子会因为没有朋友而感觉孤单，不利于孩子的性格健全发展。因此，作为孩子的父母，应该做一个好的主人，对孩子的朋友热情相待并一视同仁，千万不能存有私心。这样，孩子才能获得小伙伴们的认可。

每个孩子各有特点，或能言善辩，或心灵手巧，或活泼可爱……每个孩子都是可爱的小天使，都有理由得到同样的关爱。

有的父母看到孩子和学习成绩好的同学一起玩，感到非常开心。他们希望自己的孩子能受到影响，提高学习成绩。但是，他们不喜欢自己的孩子和那些学习差的同学玩，担心自己的孩子被拖后腿。其实，这又何尝不是一种歧视？孩子成绩差，并非意味着他们会永远差下去，只不过暂时表现不尽如人意，为什么要给他们冠上“差生”的名号？只要肯用心去观察，你就会发现那些“差生”也有很多优点。

另外，学习不好并不意味着“笨”，父母要善于发现孩子的闪光点。没有一个孩子生来就是笨蛋，他们需要“伯乐”一双观察入微的眼睛和一颗不偏不倚的心。比如有些孩子虽然学习不是很好，可是他们也许擅长绘画、舞蹈、表演、主持等等，这些都是孩子的优点。自己的孩子在与这些孩子交往的过程中，也渐渐会受到艺术上的熏陶。因此，父母们应平等对待他们，给予同样的爱。

父母帮助孩子多交朋友，有助于孩子拓宽视野和增大交际面，建立和谐的人际关系。父母平等对待每一个孩子，那么，孩子也会从父母的态度中学到与小伙伴相处的方式，学会如何与人友好交往，如何从他们的身上吸取优点……等孩子长大，你会发现，自己当初对孩子的伙伴所付出的爱，已经让孩子获益匪浅。

2. 和孩子建立平等的关系

有人这样评价一些孩子："这个孩子真懂事。""这孩子真懂礼貌，懂得如何尊重别人。""这孩子就是懂得谦让，修养真好。"诸如此类的评价表明，这些孩子受到良好的教育，具有健全的性格和良好的品质。

在社会中生存与发展是每一个孩子的必经之路。要想在社会上立足，那么孩子首先应该学会尊重别人。一个具有文明、谦让、遵守法纪、助人为乐等一系列良好品质的孩子，将来才可以更好地适应社会生活。

而这些优良品质的培养，需要父母和孩子建立平等的关系。须知父母爱孩子虽然是天性，但是，当你对孩子展现自己的爱时，一定要以平等为前提条件。这是有例证的。

一次，我看到公园里有位妈妈正在对幼小的女儿大发脾气，很是震惊。后来，听女孩的父母细述原委，我才明白是怎么回事。原来孩子贪玩，自己走丢了，父母非常害怕，找了很久才找到她。所以，妈妈气得对着女儿大吼起来。当然，这位母亲的行为是可以理解的。但是，动机虽好，结果却未必好。在她大声的训斥声中，女儿惊恐万状。这样的处理方法只照顾了自己的情绪，而没有关注孩子的感受，好像代表了父母的一种高姿态的关爱，却通常收效甚微。

如果妈妈这样说："你一定很害怕吧，来，妈妈抱抱你。"孩子情绪稳定后，父母再严肃地给孩子分析问题的严重性。这才是一种相对平等的处理方式，效果也要好很多。面对问题，父母首先要让孩子在地位平等的情境下感受

到父母的爱，而不是指责。同时，通过这种方式，既传递了对孩子的尊重，也体现了父母与孩子之间平等民主的关系。

这是生活中的一个例子，其实针对其他情况也莫不如此。孩子感受到父母平等的关爱，他的自信心会大增！同时，他将学会在平等的状态下逐渐感受自我的价值，尊重自己，进而尊重别人。

和孩子建立平等的关系，父母还需要多鼓励孩子。

美国有位大教育家说过："在教育孩子的问题上，除了鼓励我不知道还有什么别的方法！"由此可见，鼓励对于孩子教育的重要性。对于孩子而言，如果你每天都对他说鼓励的话，不断巩固这种理念，那么孩子会找到自信心。须知父母的话犹如雨露滋润孩子的心，让孩子不断茁壮成长。因为他知道，自己的背后有父母无私的帮助与支持，还有他们尊重与信任的目光。

孩子表现优秀，父母要及时给予鼓励与肯定。孩子会觉得自己的行为得到了父母的认可，受到了父母的平等相待与尊重，从而更加努力学习。

同时，对于孩子的行为，父母要时时确认。受年龄和见识的限制，孩子对行为的是非对错还缺乏十足的辨别能力，所以父母应当时刻关注孩子，一旦出现偏差，及时予以纠正。这种对孩子进行的价值观和是非观的教育，将让孩子逐渐成熟，成为和父母平等对话的"大人"。他们也会更乐于接受父母的建议，因为这是一场建立在平等基础上的交流与对话。

当然，建立父母与孩子之间平等关系的方法还有很多。但是，无论采取哪种方法，原则只有一个，即你与孩子之间人格平等。

3. 尊重孩子的朋友

朵朵是一个可爱的小朋友，每次去她家，她总是红着脸躲在妈妈身后，不肯与我说话。朵朵的妈妈叹了口气说：“唉，孩子就是这样，我一直希望她的性格能开朗些。”

我若有所思，说道：“其实，有一个看似和此问题毫无关系的方法可以帮助朵朵，那就是尊重朵朵的朋友。”听闻此法，朵朵的妈妈将信将疑，但决定试试。周末，朵朵的好朋友乔乔来玩，朵朵的妈妈热情地招待乔乔，她主动和乔乔打招呼，还说希望朵朵和乔乔一样活泼开朗。

看到妈妈如此尊重自己的朋友，朵朵也高兴地说：“乔乔很活泼，我也很喜欢她，我以后一定要像她学习。”

妈妈趁机再接再厉：“你看乔乔那么有礼貌，所以大家都很喜欢她。你去她家里做客，也要像她一样有礼貌，热情地和乔乔的爸爸妈妈打招呼哦。她的爸爸妈妈也会很喜欢你的。”

“我，我说不出口。”朵朵有几分难为情地说。

朵朵的妈妈没有泄气，她鼓励道：“没关系，咱们一点点地来。下次家里来客人，如果是你的朋友，我来招待他们；如果是我的朋友，你就来帮我招待，行吗？”

听了这句话，孩子终于点了点头。看到朵朵的进步，妈妈心里别提多高兴。不久，朵朵果然变得开朗多了，她不仅更为友好地对待自己的朋友，而且

和父母的朋友积极主动打招呼。对于朵朵而言，这可真是一个可喜的变化。

由于妈妈对孩子的朋友表示尊重，孩子受到感动。因此，她愿意接受妈妈的建议，迈出改变的第一步。由此可见，父母尊重孩子的朋友也是获得孩子信任的方式。

那么，父母如何做到尊重孩子的朋友呢？

具体来讲，可以从以下几个方面着手。

首先，不武断地插手孩子们之间的事情。我们会经常听到孩子告状，比如玩游戏的过程中，谁谁打我了；某某借了我一块橡皮，现在还不还给我；某某每天都陪我一起上学的，可是她最近不理我了……孩子之间产生的问题，父母不要着急插手，要给他们机会自己去解决。

但是有一点，父母一定要注意，千万不能对孩子说：“以后你再跟某某玩……”人与人相处不可能没有矛盾和纠纷，大人之间尚且时有口角发生，更何况是孩子之间呢。如果依了父母的话，孩子就会很难与小伙伴们相处，他们的朋友就会越来越少。时间一长，孩子的性格自然会变得孤僻。

其次，鼓励自己的孩子树立群体意识，服从群体规则，与小朋友们公平相处。孩子的世界自有孩子世界的规矩。父母要鼓励孩子融入群体，服从属于他的世界的规则。这种积极的鼓励有利于孩子学习与他人相处，从而摆脱以自我为中心的不良倾向。现在的孩子大多是独生子女，都是家里的小太阳。但是，在外面的世界，他不可能得到类似众星捧月般的待遇。此时，父母尊重孩子的朋友就显得尤为重要。只有这样，孩子才能放下“身段”与别的孩子平等沟通，才能交到朋友。

父母如果能够对孩子的朋友予以足够的重视，同时针对孩子交往中出现的问题加以关心和指导，那么孩子将不再孤单，会拥有更多的伙伴。

4. 用放大镜看孩子的优点

美国著名心理学家威廉·詹姆斯研究发现："人性中最大本质的要求就是渴望得到赏识。"对于孩子而言，更是如此。如果父母能用放大镜去看孩子的优点，那么孩子一定会萌生更多的幸福感和成就感，从而增强自信心和上进心，变得更加优秀。父母手中的"放大镜"是在放大孩子的优点，更是在放大自己的爱，让孩子茁壮成长。

所谓的"问题孩子"，他们经常在学校闹事，他们的父母会常常接待前来告状的家长。然而，这些孩子难道真的不可救药了吗？非也。这些孩子并没有严重的本质问题，只不过一时走上了岔道而已。只要父母尽力，善于发掘孩子的优点，并用放大镜把孩子的优点放大，孩子回头指日可待。

有一次，我去拜访一位朋友。此前曾听很多人说起他家的孩子特别调皮，但是，当我到达时，这个孩子正在很安静地做手工。我坐在一旁看着，孩子并没有停下来，仍然很专注地做着。我不禁夸他："你的小手真巧，居然做出这么漂亮的活灵活现的纸花!"孩子听了，不好意思地笑了。过了一会儿，他主动给我拿了一个橘子请我吃。他的父母十分吃惊地说，孩子从来没有这么懂事过。

其实，每个孩子都需要称赞。从这些称赞的话中，他们会获得新生的力量，从而变得更有信心。然后，孩子会争取更大的进步。

金无足赤，人无完人。每个平凡的生命都是一座富金矿，只要有心人肯挖

掘，一定会得到令人惊叹的宝藏。对于孩子，也是如此。

“望子成龙，望女成凤”是天下所有父母的心愿。但是，有的父母总是有意无意地把孩子的缺点挂在嘴上，不停地数落他们。这些父母似乎早就习惯了只盯着孩子的缺点，如同曾经的一个试验。在空白的纸上打一个点，多数人关注的都只是那个小小的黑点，而不是剩下的大片的洁白。殊不知，这样放大缺点的结果往往适得其反。

那么，父母如何做才是用放大镜来看孩子的优点呢？

一、用爱的眼光来看孩子。

父母总用挑剔的眼光来看孩子，孩子无从感受到父母的爱，他们会觉得父母根本不爱自己。由于感受不到爱的呵护，孩子容易失去自信心，从而破罐子破摔。我们倘若改变策略，多关心孩子，看到孩子的闪光点并大加赞扬，孩子感受到我们的爱，优点将会越来越多。

二、帮助孩子树立自信心。

无论做什么事情，自信心都非常重要。一个没有自信心的人，很难有所成就。父母不断地赞扬孩子，不断地说出他的优点，会让孩子的自信心得到加强并催发他奋发向上的动力。一个拥有超强自信心的孩子，将拥有无穷的战斗力。

三、用发展的眼光来看待孩子。

对于孩子好的改变，父母要及时发现并提出表扬。此时，父母也不妨作下比较，看看孩子今天比昨天进步了多少，须知孩子的进步处在一个不断发展的过程之中。当然，父母要注意不盲目拿孩子跟别的小孩进行横向比较。毕竟各人的优势不同，倘若比较的恰好是孩子的弱点和别人的优势，那么就如同以卵击石，只会打击孩子的自信心。同时，哪怕孩子仅有微小的进步，父母也一定要及时肯定。“星星之火，可以燎原”，优点是可以一步步发展的。

四、提前预支孩子的优点来赞扬。

父母看到孩子的进步，不妨对他说，如果你能取得更大的进步，那么将会变得更为优秀，像科学家那样，你将来也可以为国争光。听了这些话，孩子将会向着这个目标前进，从而取得更大进步。

父母拿着放大镜找优点时，要注意表扬应当针对某一个优点，不能无目的无根据地表扬。否则，表扬就成了敷衍，成了虚伪。此外，我们要及时肯定孩子微小的进步，“及时”二字非常重要。食品有保质期，表扬也是如此，过期无效。父母对孩子的呵护将带来心灵的温暖，而对孩子的呵斥会带来情感的失落。放大孩子的优点，用爱来关心孩子，那么他们将更加自信、乐观地成长。

5. 尊重孩子的天性

爱玩是孩子的天性，试问父母们，你们小时候不爱玩吗?

父母要教育好孩子，首先就应尊重孩子的天性。既然爱玩是孩子的天性，那么父母便不能简单粗暴地对待，要顺应他的天性，并进行合理地引导。如此，孩子将在玩耍中得到发展从而更好地成长。

举例来说，现在很多孩子喜欢玩网络游戏，而健康的网络游戏对孩子学习知识、训练技能、娱乐身心都有促进作用。然而，现实中孩子玩网络游戏被父母粗暴制止的事情屡见不鲜。很少有父母想到，禁止孩子玩游戏其实是违逆孩子爱玩的天性的，需要以积极理性的心态来面对这件事情。孩子对新鲜的事物总是充满好奇，父母应当给他们机会去尝试一些新的东西，面对新环境和积累新经验。父母给予孩子充分的尊重，孩子才会愿意与父母沟通，从而接受父母正确的建议和引导。

当然，尊重孩子的天性，并不等于是鼓励父母纵容孩子沉溺网游。父母首先要摆正心态，然后引导孩子用网络解决实际问题，如查询学习资料等。当孩子真正做到网络为其所驾驭，那么父母还担心什么呢？通过网络增长见闻和丰富生活常识，既满足了孩子爱玩的天性，又达到了父母让网络有益于孩子的目的。

尊重孩子的天性，父母要和孩子一起成长。只有父母与孩子共同解决问题，才会懂得如何去尊重孩子的天性，才会明白把自己的意愿强加给孩子是多么愚蠢的行为。在与孩子一起成长的过程中，父母将学会欣赏孩子，与孩子进行平等的交流。

很多父母一提到“自己的孩子天天泡在网上”，就连连摇头。“孩子天天坐在那儿打游戏，人都瘦了一大圈，脸煞白煞白的，真担心！”“每晚关门上网，天天聊天到半夜，现在我听到‘滴滴’声就神经紧张！有时他还背着我们出去见网友，怎么说也不听！”“孩子迷上网络游戏后，作业都不做了，考试成绩直线下滑，怎么办啊？”诸如此类的抱怨，在父母的口中已屡见不鲜。

从尊重孩子爱玩的天性出发，我们可以以网络为例来谈下具体的看法与措施。

不难发现，网络改变了当下孩子的学习和生活方式，不仅极大地激发了孩子的潜能，也改变了孩子的娱乐、游戏方式，改变了孩子的交际和消费方式等等。若是父母武断地禁止孩子使用网络，显然对孩子是不公平的，对他们的成长也会产生负面影响。

那么，父母如何在尊重孩子天性的前提下，让网络发挥良好的作用呢?

首先，自己要懂网络。如果父母什么都不懂，又怎么和孩子交流呢？很多患有网瘾的孩子，其父母多对于网络一窍不通。这样的父母又谈何采用正确的方式引导孩子合理利用网络？因此，只有父母精通网络，了解网络对于孩子的作用，才有可能对孩子上网因势利导，让孩子朝好的方向发展。

其次，要给孩子创造一个良好的环境。父母之间、父母与子女之间关系融洽，可以更好地与孩子进行沟通，及时了解孩子的动向。那么，孩子与网络的关系，也将向着健康、良性的方向发展。因为孩子感受到家庭的爱，便不会在网上向陌生人寻求温暖，不会沉溺于虚拟的网络，不会将它们当成唯一的精神寄托。否则，孩子很容易因为心灵空虚而上网寻求安慰，从而受到不良信息的侵害。

再次，父母对孩子的教育，要“尊重天性，因势利导”，实行导教、导学。这里的“导”指父母的引导，不是教训式的教导，更不是强迫式的教育。孩子要在父母的引导下发展天性，而父母要为孩子将来发展的大方向、大目标把好关。

尊重孩子的天性，父母才能正确地对孩子进行引导。顺应孩子的天性来教育孩子，将会让孩子更好地适应社会，从而更好地发展。

6. 不当众揭孩子的短

由于年龄的关系，孩子的感情比较脆弱。父母当众揭孩子的短，极易伤害他们的自尊心，甚至可能会强化孩子的弱点。

英国教育家洛克说过：“父母不宣扬子女的过错，则子女对自己的名誉就愈看重，他们觉得自己是有名誉的人，因而更会小心地去维持别人对自己的好评；若是你当众宣布他们的过失，使其无地自容，他们便会失望，而制裁他们的工具也就没有了，他们愈觉得自己的名誉已经受了打击，则他们设法维持别人好评的心思也就愈加淡薄。”

这句话，一语道破教育的真谛。不当众揭孩子的短，就是对孩子那薄弱的自尊心的维护。正如洛克所述，孩子如若被父母当众揭短，那么他们自尊自爱的心理防线就会受到打击，严重的话甚至有可能致使孩子破罐子破摔。

孩子不仅需要被爱，而且需要被保护。父母当众揭孩子的短，那么无异于撕开孩子薄弱的武装，让他们敏感的心无处安放。人都有自尊心，孩子也不例外。孩子越大，自尊心也越强。在孩子成长的过程中，如果被父母当众批评，那么他的自尊心将极易受到损伤。

当然，孩子有错，父母可以批评，但是，批评的时间地点的选择很重要，父母完全可以在没有外人的情况下对孩子进行善意的批评和建议。这样，孩子也相对容易接受，从而根据父母的建议对自己的言行加以改进。当众揭短，只会让孩子感到无比尴尬，从而产生逆反情绪，改正则变得无从谈起。

有一次，有个孩子邀请同学来家里聚会。玩得正开心的时候，孩子的妈妈回来了。妈妈看到家里乱七八糟，大为光火，当着同学的面把他臭骂了一顿。可想而知，孩子的自尊心受到严重创伤，而他的同学们也感觉没面子，心里暗自决定再也不来他家玩了。

孩子一气之下，跑到奶奶家住下。母子俩僵持了两个星期。最后，妈妈主动承认错误才化解了矛盾。孩子原谅妈妈，回到了家中，可他所受到的伤害却无法弥补。从此以后，这个孩子变得性格孤僻，不喜欢和同学交往。

不当众揭孩子的短，是尊重孩子的一个重要方面。也许有的父母对此不以为然，但这对于正在成长的孩子来说极为重要。父母也是从孩子长大的，也经历过那段敏感而脆弱的时期，如果父母能够换位思考从而尊重孩子，那么将有助于孩子形成自尊、自重、自爱的品格，进而受到他人的尊重。

心理专家研究发现，只有获得尊重的孩子，才能在人际交往中既尊重自我又尊重他人，从而获得他人的尊重。同时，在生活中，他们充满自信心，拥有责任感和进取精神。由此可见，不当众揭孩子的短是一种十分明智的做法，对于孩子的成长具有积极意义。

有的父母可能会说，难道孩子的面子比大人的面子更重要吗？事实上，确实如此。因为大人的心智比较成熟，他们对于打击的抵抗力更强，当他们的面子受损时，会有足够的心理承受能力。而孩子心智发育尚不成熟，面对毫不留情的当众批评，会无法承受从而受到沉重的打击。所以，相比较而言，孩子的面子比大人的面子更重要。

此外，基于孩子的身心发展特点，他们的每一个行为都有其自己的原因。在成人的眼中，也许这些原因微不足道，但在孩子的眼里那是很严重的事情。如果父母处理方法不当，那么可能会让孩子的心理防线崩溃，这绝非危言耸听。

最关键的是，父母不应该在公开场合批评孩子，比如孩子与同学的聚会上、亲戚朋友的聚会上及公共场所等。孩子有缺点，父母应私下指出并提出正面的建议。这样，孩子才能愉快地接受，而父母也收到良好的教育效果，取得双赢的局面，何乐而不为呢？

归根结底，父母批评孩子是为了抑制孩子不良行为、品德与学习态度等。要想在批评的同时继续保持良好的亲子关系，那么请父母注意批评孩子的时间和场合。

7. 请让孩子把话说完

有的父母喜欢在孩子面前不停地唠叨，却不愿意听孩子表达自己的想法。有时，孩子尚未把话说完，父母就不耐烦地打断。实质上，这是一种很不好的行为。聪明的父母懂得保持沟通渠道的顺畅，让孩子自由表达自己的想法，而不是用父母的权威将这个渠道牢牢封死。

有个妈妈问孩子：“现在有两个苹果，只有你和妈妈两个人，你怎么分配这两个苹果呢？”

孩子想了想说：“我会把两个苹果都咬上一口尝尝。”

妈妈听了很失望。但是，她还是问了一句：“为什么呢？”

孩子扬起天真的小脸说：“因为我想尝尝哪一个苹果更甜，然后把这个最甜的苹果给妈妈吃。”听完孩子的话，妈妈大受感动，紧紧地搂住儿子。幸亏这位妈妈沉住气把话听完了，不然这误会可不就大了！

还有一件事，估计在我们身边也比较常见。菲菲在外面玩耍后回到家，兴奋地说起自己看到的好玩的事情。可是没等她说完，妈妈就催她快点吃饭。下午放学后，菲菲又想把自己遇到的事情讲给妈妈听，可是妈妈急着回家做饭，再次拒绝了孩子的要求。

临睡前，菲菲仍然试图和妈妈分享那件好玩的事，让妈妈也高兴一下，妈妈却不耐烦地催她快点睡觉，菲菲感到很失望。到了第二天，她连话都懒得同妈妈说。开始时，妈妈还不以为意，然而，接下来几天孩子都是如此。妈妈有些奇怪，于是询问原因，这时，她才知道是自己怠慢了孩子。于是，她郑重地向菲菲道歉，承诺以后再也不会这样。

菲菲这才开心起来。她不仅原谅了妈妈，还把那天没说出来的事情说给妈妈听。原来那天她给一位陌生人指路，对方夸了她几句，她感到非常骄傲，想和妈妈一起分享这份快乐。

无疑，在物质生活上，很多父母都对孩子疼爱有加。但是，精神上呢？父母对于孩子都给予了尊重吗？不一定吧。孩子是独立的个体，他们有言论的自由，也期望得到别人的尊重，尤其是父母的尊重。因此，父母一定要积极配合，鼓励孩子把话说完，把自己的意思表达清楚。

孩子有倾诉的欲望时，往往希望表达自己内心的想法，希望与父母进行交流。这个时刻是促进亲子关系的最佳时间，父母不应该错过。如果孩子的愿望得不到满足，那么他将渐渐失去倾诉的热情。有时，孩子的性格还会变得越来越古怪，不再愿意与父母沟通。

父母打断孩子的话，等于剥夺了孩子倾诉的机会，长期如此，必然影响到亲子沟通。聪明的父母一定要懂得尊重孩子，给孩子畅所欲言的机会。只有这样，父母才能明白孩子在想什么，或者遇到了什么问题。然后，我们帮助孩子分析这些问题，用自己丰富的人生经验解答孩子的疑惑，让孩子健康成长。

另外，父母和孩子沟通的时候，要对孩子的话表现出浓厚的兴趣，使孩子一吐为快。尤其是，父母不可随便打断孩子的话，要让孩子感觉到父母的用心和专注，为父母重视自己而感到高兴。这样，他们才会把父母当成自己的朋友，才会愿意对父母诉说自己的心事。因此，父母耐心专注的倾听，本身即是爱的最好诠释。

那么，在倾听孩子讲话的过程中，父母需要做些什么呢？

一、要让孩子注意到，自己一直在认真地听。父母可不时地辅助以眼神或动作，鼓励孩子说下去。

二、可以帮孩子填白。由于孩子年龄小，受语言表达能力的限制，因此可能词不达意或找不到合适的词来表达，从而很着急、焦躁。这时，父母可以根据自己的判断，及时地帮孩子孩子填白，缓解孩子的紧张情绪。一来父母的理解和帮助让孩子内心愉悦；二来孩子可以掌握新的词汇，是一种间接而有效的学习方式。

三、要允许孩子有自己的见解。父母不可实行“一言堂”政策。孩子讲话的过程是他们大脑高速运转的过程，父母应当允许孩子有独立的想法和意识。这样，孩子才会渐渐学会独立思考和解决问题，逐步形成自己独立且独到的思维体系，变得成熟起来。而父母通过倾听，可以了解孩子的思想，并适时提出自己的意见，帮助孩子作出较为合理的分析，这对于他们心理健康成长意义重大。

8. 再忙也要给孩子一小时

父亲深夜下班回家，很累也很烦。然而，他发现 5 岁的儿子正靠在门旁等他。

“爸爸，我可以问你一个问题吗？”孩子的眼神中充满期待。

“当然可以，你说吧。”父亲回答。

“爸爸，你一个小时能赚到多少钱？”

“这与你无关，你为什么问这个问题？”父亲不耐烦道。

但是孩子依然没有放弃，他继续问，“我只是想知道，请告诉我，你一小时赚多少钱？”

爸爸听了，心里一软，回答道：“假如你一定要知道的话，我一小时赚 20 美元。”

“喔！”小孩低着头这样回答。然后又抬头问道：“爸爸，请问你可以借我 10 美元吗？”

父亲终于生气了。他怒吼道：“如果你问这问题只是要借钱去买毫无意义的玩具或东西的话，给我回到你的房间去，并上床好好想想为什么你会那么自私。我每天长时间辛苦工作着，没时间和你玩小孩子的游戏……”父亲歇斯底里地发泄着怒气，而小孩则安静地回房并关上了门。

孩子回房后，父亲还在为小孩的问题生气，孩子怎么能只为了钱而问这种问题呢？难道孩子真的这么不懂事吗？

一个多小时过去，父亲平静下来了。他开始觉得自己刚刚对孩子实在是太凶了。或许孩子要那10美元真有正常用途，毕竟孩子并不常常开口要钱用。于是，父亲走到孩子的房门前并敲门。“孩子，你睡了吗？”他问道。

“爸爸，我还没睡。”孩子边回答边打开了门。

“我刚才对你太凶了。孩子，原谅爸爸，好吗？”说着从身上掏出10美元递给孩子，“这是你要的10美元。”

孩子开心地接过钞票，“爸爸，谢谢你。”接着，孩子从枕头下拿出一把皱皱巴巴的钞票。孩子有这么多的钱，居然还问自己要钱，父亲很生气也很不解，他强忍着怒火问孩子：“你既然已经有钱，为什么还问我要呢？”

孩子慢慢数着钱回答道：“那些钱还不够用，但是现在你借给我10美元就够用了。爸爸，我现在有20美元，可以向您买一个小时的时间吗？明天请早一点回家，我想和你一起吃晚餐。”

这是一个很经典的故事，每每读到都令人动容。

诚然，现代社会，人们的生存压力非常大。为了养家糊口，父母不得不终日忙碌，能陪孩子的时间实在少之又少。即便有点时间，工作压力和生活压力也已经让他们喘不过气来，哪有心情和孩子欢乐相聚？然而，在孩子成长的过程中，父母用适量时间的陪伴又是不可或缺的。哪怕父母只是和孩子一起吃顿饭或者玩玩游戏，对孩子来说也十分重要。所以，为了孩子，即使自己的工作再忙，压力再大，也请父母一定要“挤”点时间多陪陪孩子。

为什么这么说呢？有以下几方面原因。

首先，多陪陪孩子，能加深彼此的感情。亲子之情，天伦之乐。父母多花点时间陪陪孩子，可以让孩子体会到父母对他们的疼爱和呵护，从而加深彼此的感情。这样，孩子和父母的感情基础才能牢牢建立，孩子与父母的关系才会真正密不可分。不要等到孩子看你的眼光变得陌生时，父母才想起已经好久没

有和孩子在一起。

其次，多陪陪孩子，可以促进亲子的沟通。如果父母与孩子接触少，彼此之间极少沟通和交流，父母将很难了解孩子的学习、思想变化与校园人际关系等情况。如果父母不了解孩子的情况，又怎么谈得上关心和爱护孩子呢？只有通过与孩子的交往，父母才能随时了解孩子的心理状况和兴趣所在，同时，孩子才能明白父母的期望，理解父母的爱心。这样，又将更好地促进亲子间的沟通和交流，增进亲子感情。

再次，多陪陪孩子，可以帮助孩子成长。人们常说“父母是孩子的第一任老师”，可这个老师整天与自己学生见面的时间都没有，又如何对于学生进行教育呢？对于很多父母而言，孩子是他们全部的希望。可是，他们对于亲情却如此吝啬，舍不得花时间陪孩子一起玩，一起聊天。这样，你的教育思想又怎样能落实在孩子的身上呢？

孩子的许多行为习惯和处事方式等都在很大程度上受到父母的影响，学龄前儿童更是如此。所以，父母挤出时间多陪陪孩子，可以更多地通过自身引导孩子的人生观、价值观的正确形成和正确发展。同时，这也更有利于培养孩子的各种能力。

父母们，挤出一些时间多陪陪孩子吧。我们将会发现，在和谐的沟通中，在我们给予亲情的同时，我们会收获更多，孩子也会得到更多。这些远远不是金钱所能替代的。

9. 了解孩子行为背后的意义

常有父母说，他的孩子有时会无缘无故地生气、沮丧，还尖叫或两脚乱踢。有时虽有原因，但是孩子的表现也实在过分。比如外面天气特别冷，他们却很想出去玩。尽管父母说明不允许的理由，可孩子即使理解，也仍要借故哭闹一番。

父母觉得自己的孩子实在太难“讨好”。虽然尽量满足他们的所有要求，但依然得不到期望的效果。

另外，有的孩子情绪变化无常，前几分钟还在大哭大闹，但几分钟后，他又一样在你身边欢笑嬉闹。孩子的行为让很多父母感觉不可思议、难以招架，甚至几近崩溃。

一切事情有果皆有因，并不是孩子的行为难以琢磨，而是父母没有花心思去认真了解孩子行为背后的真正想法。须知每一种行为的背后，都有一个理由在支撑。比如我们觉得不痛快，就想办法发泄一下，让心里感觉舒服。

其实，有时孩子也是这样想的。比如有个小女孩，她特别想吃冰糕，可妈妈以天气太冷为由拒绝了她的要求，而且，妈妈还说了一大堆她不想听的道理。这让小女孩感觉非常不痛快，她开始大吼大叫，用脚乱踢来发泄自己的不满。这样发泄了几分钟后，她感觉好多了，心头的郁闷也一扫而光。父母再看她时，发现她已经乐呵呵地坐在沙发上看电视，就像刚刚什么事情也没发生一样。

还有一个例子。有个孩子削苹果，结果不小心弄伤了自己的手。于是，她大发脾气。其实，她只是希望父母对自己受伤的手指表示一下关注，过来哄哄自己，或者问一句“要不要贴一个创可贴”。父母的话并不能减少她身体上的伤痛，但是却可以让孩子的心里舒服一些，便感觉伤口似乎也不那么痛了。

诸如此类细微的心理活动，父母可能很少察觉。他们反而觉得孩子的行为很怪，无法用常理解释。所以，父母要多关心孩子，这样才能读懂孩子行为背后的语言。

还有的孩子之所以行为让大人感到奇怪和难以理解，是因为他们受到年龄的限制，语言不成熟，从而无法准确表达自己的思想。在这种情况下，父母不要着急，随着时间过去和经验积累，父母渐渐就会理解孩子想表达的意思。

那么，父母如何才能读懂孩子的行为背后的语言呢?

一、父母要了解孩子行为的原因。

当孩子还未完全掌握自己的感觉时，他的表现可能相当戏剧化——不论是在强度或形式上，所以，父母必须试着接纳他很多跳跃性的情绪变化。

懂得了这一点，你将不会再对孩子的行为感到奇怪和难以理解。要知道，就连大人有时也会情绪反常，只不过大人的表现比较隐晦而已。对于孩子反常的表现，父母应先尝试去了解，然后寻根溯源，慢慢寻求解决的办法。

二、父母要对孩子敞开心扉。

以心换心，是亘古不变的沟通法则。父母对孩子敞开心扉，才能获得孩子的信任，孩子才会向你展示自己真实的一面，并通过彼此理解而获得良好的沟通效果。对于父母的烦恼和情绪，虽然孩子有时未必理解，但是他们可以感受到你投放的信任，那是用心去体会而非用阅历经验来了解的。一旦孩子接纳了你，也就打开了他的心灵之门，父母就可以走进孩子的内心，破译孩子行为背后隐藏的密码。自然，父母将可以对症下药来解决问题，并将帮助孩子逐渐学会控制自己的情绪。

三、父母要试着教孩子学会控制自己的情绪。

如果孩子用尖叫、怒吼，甚至咆哮的方式来表达情绪，父母可以暂时任他发泄。待孩子平静一些后，父母再告诉他："如果你尖叫、咆哮，那么我根本不了解你到底想要什么。你可以把你的需求平静地告诉我，我们看看能不能办到。"

多次采用这种方式处理，一段时间后，孩子将逐步学会如何控制自己的情绪，同时向父母诉说自己真实的想法，从而获得父母的理解和帮助。父母也可以更为准确地理解孩子行为背后的意义，从而及时采取措施加以解决，间接促进亲子关系。

10. 有事请和孩子商量

在父母的眼中，孩子似乎永远都长不大，所以很多事情父母都瞒着孩子。事实上，这种做法是不合适的。

如果父母和孩子有商有量，那么孩子将会感觉自己受到尊重，同时可以通过参与家庭事务处理的过程培养孩子的责任感和主人翁意识。

记得当年布置新家的时候，我们一家人来到家具商城，里面各种各样的沙发让人一时挑花了眼。但不管看哪款沙发，我们都要问一问女儿的意见，因为女儿喜欢窝在沙发上玩，沙发对她来说非常重要。

那时孩子刚 10 岁。在很多人的眼中，征询一个小孩子的意见似乎有些可笑。这不，一个商场营业员过来征求我们意见的时候，不解地问"这个孩子是你们的什么人"。我非常郑重地告诉她："我们是一家人。因此，选择沙发时，我们需要参考女儿的意见。"

听到我和营业员的对话，女儿非常感动。她大受鼓舞，更加积极地参与挑选，不时发表自己的意见。她还在家具城里跑来跑去，寻找着喜欢的沙发。

终于，有一组美观大方的沙发被女儿看中了。她告诉我们，我们也觉得相当不错，连连夸奖女儿的好眼力，并把这组沙发买了下来。经过这件事后，我们发现女儿变得更懂事了。而且，由于这组沙发是她亲自挑选的，所以她会尽量保持沙发的整洁，不在上面乱摆东西，也不会故意弄脏。

事实上，很多事情都是这样。父母与孩子并非上下级关系，孩子也是家庭

的一员，他们也希望能为这个家庭贡献自己的一份力量。因此，在家庭事务决策的时候，要给予孩子发表意见的机会。如此，他将产生当家做主的自豪感，并渐渐建立对人和事物及社会的感观和责任感。

此外，与孩子发生矛盾时，父母也应当听取孩子的意见，听听他们的理由。亲子矛盾实属平常，但是父母要记得一点：绝非永远都是孩子的错。经常听听孩子的意见，父母将会发现，孩子也有很多不错的想法。倘若按他们的想法来实施，有的事情也许可以收到更好的效果呢！

父母不听孩子的意见，无视孩子的想法，则很有可能导致亲子矛盾激化，也不利于孩子健康成长。家庭不和睦，父母对于孩子的教育将会步步维艰，很难收到好的效果。

一个孩子叫阿雪，总需要大人看着才能认真写作业。稍不留神，孩子就玩别的去了。父母不止一次让她自己主动独立完成作业，但是阿雪从来不当一回事。父母一转身，她就偷着玩卡片，还自以为得计，乐此不疲。父母为这事说过她很多次，但收效甚微。

一次，她的父母和我说起这件事。我建议他们和孩子好好沟通一下，一起商量解决的方法。于是，他们和阿雪认真谈了一次。

“阿雪，你可以自己完成作业吗？”

“当然可以。”

“那为什么每次非要我们监督呢？”

“我……”

“以后你自己写作业，好吗？爸爸妈妈相信你能管住自己。”

“好。”阿雪想了想，答应了。

果然，第二天她很自觉地独立完成了作业。这个困扰了他们很久的难题居然得以如此顺利地解决，阿雪的父母很吃惊。

父母要让孩子参与家庭事务，有事多和孩子商量一下，特别是和孩子切身相关的事情，就像上文中提到的独立写作业，它将会让孩子感觉受到尊重，觉得自己是这个家里平等的一员，从而学习更加成熟地待人处事。这对于培养孩子的家庭观念具有深远的影响。没有家庭观念的孩子大多家庭情感淡漠容易缺乏责任感，对于父母而言，教育这样的孩子也相对困难，可能遇到很多难办的问题。

孩子的家庭观念和主人翁意识非一朝一夕培养而成，必须从小接受有意识的熏陶和锻炼。比如让孩子知道家里柴米油盐的来龙去脉，知道家里日常的基本开销等。到适当的年龄，父母还可以让孩子直接参与家庭事务。父母和孩子商量的目的不在于要孩子作决定，而在于让孩子感觉到他是家庭中的一员，家庭的一切都和他息息相关。形成家庭观念后，孩子自然会珍惜家里的一切，逐渐变得成熟，从而做好当前自己的本分——学习。

第6课

好父母必备的12种教育技能

教育系统教导孩子基本阅读、写作、自述与科学等知识，而生活中所需的知识远远不止这些。生活是一门复杂的学科，囊括了许多课堂之外的复杂技能，这些需要父母为孩子完善。所以，父母要以身作则，提升自己的教育技能。

1. 教会孩子应对问题的谋略

相信这个故事好多人听说过。

从前，有一位神仙有点石成金的本事。一天，他在人间碰到一个穷孩子。这个穷孩子心地善良，当神仙变成乞丐的时候，穷孩子把他唯一的食物送给了他。神仙很欣赏这个穷孩子，当即点石成金送给他。可是穷孩子不要，他希望拥有神仙点石成金的本事。

穷孩子心里明白，神仙给的金子终会有用完的一天，但拥有了点石成金的本事，则再也不用受穷。神仙被穷孩子的善良和聪慧打动，于是施展仙术，把穷孩子的一根手指变成了金手指。穷孩子可以点石成金，从此过上了富裕的生活。

其实，这个故事告诉我们一个道理，反映在家庭教育方面，即是父母代替孩子解决问题，不如教会孩子点石成金的本领——应付问题的谋略。因为，最初的时候，孩子们都是谋略上的“穷”人。

有一天，女儿向我请教一道数学题。

我一看，原来是一道应用题。“有一条马路，甲队要 15 天修完，乙队要 12 天修完，现在甲队修了 5 天后由乙队去修，问两队共多少天可以修完？”我按题意边解说边演算，女儿在旁边不停地“嗯”。解完题，女儿高高兴兴地抄到本子上，完成了作业。

可是，问题很快再次发生。没过几天，遇到类似的题，女儿又不会做了。

我有些泄气，细想之下，觉得自己也应负责任。没有经过一个思考的过程，孩子直接接受了现成的结论，她并没有真正理解题目的解法，因此，再遇到类似的问题，她还是不会做。

于是，我改变策略，直接教孩子学习的方法。我采用反问方式来启发孩子进行思考，让孩子自己来陈述每一步解法。孩子光“嗯”一下的做法是行不通了，她必须全神贯注地思索问题。在我不断地启发下，孩子一步步走向问题的答案，最后，她豁然开朗，非常开心。

她告诉我，以后再碰到类似的问题，她都会做了。果然，事实也如她所说。

再举个例子。孩子初学读书时，父母可能要一字一句慢慢地念给孩子听，并告诉他们书中的意思；等孩子的年龄略大一些，父母就可以教孩子学会精读这种重要的读书方法；孩子越来越大，父母可以让孩子不断训练默读能力。孩子尝试着自己限定时间默读，理解字句含义及至书本的思想，再分出一些精力进行发散思考，把握全局。如此循序渐进，孩子就扎实地掌握了阅读的技能。

其实，父母不仅要在学习上教孩子谋略，在日常生活中也是如此。孩子因为小而不会洗衣服，父母可以代劳；等孩子稍大一些，父母便要教他们如何洗衣服。从小件背心到大件外套，父母可以分别教他们清洗步骤、重点和细节，给他们练习的机会。其他的家务活儿也是这样。

此外，父母还要教孩子一些为人处世的方法。最开始，孩子不知道怎么和小伙伴打交道，父母要试着帮孩子学习如何与别人相处。渐渐地，孩子将学会主动与人接触、交朋友。

曾有人说，中国父母实行的是“摇篮教育策略”。在生活中，孩子的一切都由父母家人包办。然而，父母应该教会孩子生活技能和如何与人相处，掌握解决问题的谋略，毕竟父母不能时时挡在孩子的前面，孩子终有一天要独自面对生活独自解决问题。当然，父母教孩子谋略，要注意不能过多干涉孩子的生活。比如孩子们正一起玩得高兴，父母却在旁边不断地教孩子应该这样玩或那样玩，这种行为就已经不属于出谋划策，而是横加干涉了。这样将导致孩子无所适从，慢慢倾向于被动服从他人意见。长大后，这样的孩子容易缺乏主见，不能自己面对生活上的种种难题。

因此，父母一定要采用合适的方法来教育孩子，根据实际情况灵活机动地传授各种谋略，这样才有可能让他们快乐地成长，并且在这个过程中掌握各种生活技能。

2. 培养孩子的社会技能

对于孩子来说，社会技能至关重要。它关系到孩子将来的生活、工作及与人相处的能力，尤其和生活质量紧密相关。要想在社会中如鱼得水，孩子必须了解、熟悉社会环境，并作出恰当的反应，也必须懂得如何把自己的期望与需要同他人的期望与需要相协调。而要想做到这一点，最重要的就是要培养孩子的社会技能。

那么，孩子要学的社会技能主要包括哪些方面呢？

第一，说话技巧。

无论孩子将来从事什么工作，都需要与人进行接触。那么，说话技巧便十分重要。为了避免孩子一开口就说出不入耳的话来，父母要从孩子小的时候起开始有目的地训练他们。

如何教孩子说话技巧呢？最好的办法就是与孩子交流。散步或外出游玩的时候，都是很好的交流机会。父母在与孩子交流的过程中，要言之有物，可以与环境相结合，传递给孩子好的思想及谈话技巧。这种方式很自然地渗透到生活中，孩子将从你的一言一行中受到影响，说话技巧的训练当然也就水到渠成。

在日常生活中，父母要让孩子主动说话。遇到合适的话题，我们就与孩子一起讨论。比如孩子喜欢某个玩具，我们可以同他们交流一下对玩具的看法、玩玩具的乐趣；同时，我们也可引导孩子讲出做游戏的过程中遇到的问题或收获的快乐。时间一长，孩子的语言就会丰富起来，也会更加自如地和小伙伴们打交道。

如果缺乏说话技巧，孩子可能会害怕和别人打交道，尤其是陌生人。遇到这种情况，父母切记不可抱怨孩子天生不爱说话。我们要指导孩子，提醒他们如何说。其实，人的说话技能和其他技能是一样的，可以通过不断地学习得到提高。

语言就像一张门票，如果你想进入对方的心里，那么首先要拥有这张票。一门实用的社交技能，将让孩子把握更多的机会。

第二，幽默技能。

众所周知，幽默感在人们的社会交往中起着举足轻重的作用。幽默风趣的人更容易获得他人的好感，因为人们“很难讨厌能让他笑起来的人”。

“幽默”其实属于情商的一种。父母可能并没有注意到，在孩子的婴儿时期，这种技能就已经开始萌芽，已经得到体现。孩子仅两个月大时，父母就可以和他一起玩藏猫猫。父母用一块手绢遮住自己的脸，然后迅速拿开，孩子就会乐得咯咯地笑起来。也许你会觉得孩子天生就会笑，事实上，真正具有愉悦感的笑容是他们逐步与人接触后才产生的。

因此，幽默技能需要不断地与社会进行接触才能培养出来。一个孩子故意把鞋子当成帽子戴在头上，这让周围的人大笑不止。其实，他自然懂得这件事不合逻辑，但是他依然坚持这样做，目的就是为了让大人发笑。这就是幽默技能的表现。

孩子逐渐长大，语言能力更强。他慢慢明白许多词语有多种不同的含义，开始讲一些有意义的笑话，幽默得到提高。父母发现，孩子的认识能力已经比较成熟，能够看出象征意义上的不和谐性，双关语和笑话的形式也更加成熟。

如今，幽默感逐渐变成正面课堂行为，被视为一种社交才能，所以父母对孩子幽默技能的培养也势在必行。

第三，自我激励技能。

将来走向社会后，孩子对生活的希望，对人生的信心，都需要通过自我激励得到。一个对生活充满希望的人，才会积极地做事，充满热情地追求自己的理想，对自己的期望值也会更高。一个具有自我激励能力的孩子通常是勤奋的，将来走向社会终会拥有一片属于自己的天空。

由此，我们可以看出自我激励的重要性。父母认识到这一点，更应教孩子学会自我激励，遇到困难要自己鼓励自己，给自己打气，迎难而上。此外，孩子要掌握的社会技能还有很多，需要孩子在生活中不断地观察和学习，然后通过锻炼形成自身能力的一部分。通过社会技能的学习，孩子将逐步成熟，进而适应社会，在将来的社会生活和工作中如鱼得水。

3. 教会孩子寻找快乐的诀窍

今天，由于社会生存竞争十分激烈，很多父母几乎与快乐绝缘。而孩子很容易受到父母情绪的感染，有时也会显得忧心忡忡。一旦出现这种连锁效应可就麻烦了，因为这将直接影响到孩子的心理健康。关于青少年自杀的话题也并不新鲜，很多孩子正是由于内心不快乐而走上了这条不归路。试想一个没有乐趣的人，还会对生活有几分留恋呢？

因此，父母要注意自己的言行和情绪，努力教孩子寻找快乐甚至是苦中作乐的诀窍，做一个容易开心、开怀的人。

教孩子寻找快乐，父母首先要分析他们为什么不快乐。快乐是一种内心的体验，所以，父母可以从心理上来寻找孩子不快乐的原因。

孩子精神受到折磨，会不快乐；孩子心理压力过大，会不快乐；孩子的性格过于敏感、脆弱、偏激，也会不快乐……孩子不快乐的原因有很多。要想解决这个问题，父母需要培养孩子良好的积极向上的性格。然而，最重要的还是父母要教孩子寻找快乐的诀窍。

怎么让孩子变得更快乐呢？让我们参考一下一位澳大利亚心理学家提供的方法。那就是告诉孩子活在当下，为当下而活。

孩子最可爱的一点是他们会完全投入当下的事情。不论是观察甲虫，还是筑沙堡或其他活动，他们都能做到全神贯注。像这样只专注于眼前的事情，他们便很容易快乐。所以，要想让孩子保持快乐的心态，父母可以提醒孩子集中注意力去做他们感兴趣的事情。

有一个叫西西的孩子，他总是不开心，因为他总是在发愁那些未来的事情。他上课的时候在想，笔又不能用了，一会儿下课后还要赶紧削铅笔；下课后，他一边赶紧削铅笔，一边用眼睛瞄课本，因为下节课老师要检查课文的背诵情况；放学回家后，他又想着写完作业还要练毛笔字；即使假期他也不开心，因为他总想着开学了怎么办，这么多作业还没有写完呢！他总是忧心忡忡……

就这样，他循环地想着明天的事情、将来的事情。他还没上初中，就在想初中要学会骑自行车，而现在自己还不会呢，将来怎么去上学？要是乘公交车的话，会不会遇到小偷，把自己的午餐钱都偷走……

西西把自己的想法告诉父母，父母觉得孩子杞人忧天，可西西还是很担忧，很不快乐。

听完这样的故事，你是否心有戚戚焉？

遇到这种情况，父母一定要把快乐的秘诀告诉孩子。简单来说，即活在当下。我们要在生命的旅途中尽情享受沿途的风景，感受每一分快乐，而不是脚步匆匆奔至终点，才发现幸福已被甩在背后，永远地错过了。

所以，活在当下，我们要从现在所做的事情中找到乐趣。如果孩子正在练习毛笔字，父母可以引领孩子通晓书法背后的故事，感受书法笔韵之美，从欣赏和练习中得到快乐。父母要帮助孩子体会到认真做好一件事情的成就感，为生活中美好的细节而感动。

此外，父母还要教孩子心胸宽阔，包容自己或他人的过失、生活的不如意，内心轻松地走向生活的前方。林肯说：“人快乐的程度多半是自己决定的。”所以，父母要让孩子学会淡定，变得性格开朗，不再为一些小事而生气。孩子渐渐会发现，原来快乐很容易。只要你下定决心，愿意付出努力，就

一定可以。

有时，不快乐是因为生活与自己当初想的不符。当孩子的要求得不到满足，认为人生不是它“应该”有的样子，他们就会不快乐。而不快乐的程度，则取决于现实跟它们“应该”的样子之间的距离。所以，他们总是说：“要怎样怎样，我就会快乐。”但是，人生没有那么完美，以“心想事成”为快乐的前提条件，其实是一种妄想。父母帮助孩子懂得这一点，那么孩子将对快乐有个公正客观的认识。孩子学会不苛求，快乐这档子事就简单多了。而且孩子只需要做自己喜欢并能做的事，哪怕不能成功，但至少拥有一个快乐的过程。

教孩子快乐的诀窍，第一，父母自己要做一个快乐的人；第二，在遇到困难时，父母要教孩子积极解决问题，及时排解不良情绪。如果孩子担心自己的成绩而不快乐，那么父母就要多鼓励孩子，而不是过多地关注成绩；第三，父母、老师和全社会都应关心青少年的心理健康。当孩子出现心理问题时，身边的人能够及时介入，将对解决问题非常有益。

当然，快乐的诀窍还有很多。只要父母肯用心和会用心，孩子一定会真正快乐起来。

4. 培养孩子的批判精神

父母应该注重孩子的独立思考能力，鼓励他们发表独立的见解，而不是人云亦云。也就是说，父母要培养孩子的批判精神。

批判精神是人类文明发展的重要标志之一，自然界和人类社会的发展就是一个批判式进化的过程。因为孩子还小，所以有些父母认为他们有没有批判精神无所谓。其实，这种看法是不正确的。西方教育越来越注重孩子的批判精神的培养，因为他们认为人类之所以不断进步，正是源于对社会不断的批判。培养孩子批判精神，并不在于一定要让他们提出惊人的观点。父母所要做的不过是让孩子能有自己的主张，敢于提出自己的看法，尤其在课堂上，更是如此。

之所以这样说，是因为老师是孩子遇到的第一个权威，而孩子们眼中的老师往往是至高无上且不会犯错误的。1945 年，年轻的中国学生杨振宁来到美国芝加哥大学学习，他师从泰勒，学习物理理论。泰勒被称为“氢弹之父”，在学术界的威望很高，他有一个特点——在授课的时候发表自己的新想法。在他讲述的过程中，杨振宁发现有的想法并不正确，推论起来，根本无法自圆其说。于是，他勇敢地向老师指出。本来他以为老师会责怪自己冒犯师道尊严，可是，没想到泰勒非常高兴听到有不同的意见。正因为这种敢于批判的精神，在科学研究的道路上，杨振宁不迷信权威，独立思考和钻研，最终，这位杰出的科学家获得了 1957 年的诺贝尔物理学奖。

敢于带着批判的眼光看待这个世界，不迷信权威，孩子才能大胆设疑与追

问，从而求知求真，具有探索的精神。父母教育孩子应该尊重老师，但并非意味着一味盲从和妥协，而要允许孩子对老师提出批判。

鉴于此，父母首先要允许孩子在自己的面前表达独立的想法。当然，在这个过程中，孩子可能会出现激进的做法。此时父母应当一分为二地处理这个问题，积极的方面要肯定，而不合理的方面要给孩子以正确的引导，客观分析孩子的想法，让孩子在合理的前提下具备批判精神。

如果父母因为孩子合理的不服从而训斥孩子，那么便会压制孩子的批判精神，同时也教会孩子“虚伪”，这是非常不明智的。

保护孩子的批判意识，就是要保护孩子的个性。对于孩子而言，具有批判意识不代表标新立异，而是让他们可以用自己的思想去理清一件事情，辨明一个道理。

那么父母要如何培养孩子的批判精神呢?

一、父母要告诉孩子，无论何时何地都应当有自己的看法，并适时予以表达。清晰的思路对孩子独立思想意识的培养具有非常重要的意义。

二、父母要教育孩子始终尊重自己的老师。虽然父母应当允许孩子对老师提出批判，但绝对不可以让孩子讥讽老师。不过，父母不可因为孩子的言行训斥他们，这样是同样不可取的。

三、父母还要鼓励孩子向个性化发展，学会理解和包容各种各样的人和事物，学会理性地批判。

5. 教会孩子一些实务操作

父母眼中，孩子永远只是孩子。于是，我们总喜欢把孩子藏在自己的羽翼之下，给他们最好的照顾。其实，这种做法不值得提倡。父母要教孩子一些实务操作，这样孩子才不至于独立生活之后手足无措。

事实上，孩子也希望能够像大人那样去尝试一些事情。这时，父母要站在孩子的角度来考虑问题，感受孩子的内心需要，真正地理解孩子。并且，我们要适时抓住机会教孩子一些实务操作的基本技能。

父母教孩子一些实务操作，提高他们的生活自理能力并不是小事。它不仅关系到孩子生活是否舒适，还关系到孩子是否有自信心。具备实务操作能力，孩子的自信心将在一定程度上得到增强。相反，不懂得生活中的实务操作的孩子，不仅生活上会遇到很多问题，还会逐步滋长自卑心理，以至于在学习和工作中也觉得自己处处不如人。

女儿小时候常常对我说："妈妈，我好羡慕大人，大人可以想干什么就干什么。我要是大人就好了！"借着她的这种心态，我决定教她一些实务性的操作。

当然，教孩子的过程，父母要表现得自然一些，不能让孩子感到别扭。于是，我对她说："我们就来做一个游戏，你来当一天妈妈，体验一下大人的'风光'；我来做小孩，体验一下被管理和照顾的滋味。好不好？"

"可是我什么也不会做啊！"女儿犯愁了。

我鼓励地说道："没关系，妈妈可以教你。我把过程和步骤说清楚，你就可以自己做了。”

女儿听了我的话，开心地答应了。于是，我们选择了一个周末来进行这个教程的学习。

我拿出牛奶、面包和一些蔬菜，教她如何做早餐。听了我详细的讲述，女儿乐不可支地亲手试验。按照我教的方法，她把牛奶放到微波炉里，把面包片放进烤面包机里，定好时间。接着，在我的提示之下，她将西红柿、洋葱、生菜等洗好切盘，准备做个沙拉。看到女儿煞有介事地忙得不亦乐乎，我真想插手帮忙。女儿却阻止了我，让我在一旁看着就可以。

由于我的指导和平日里对我做饭的观摩，女儿很快就做好了饭菜。我们坐到餐桌旁，只见牛奶正冒着腾腾的热气，面包片散发出特有的香味，蔬菜沙拉也色彩艳丽地呈现在眼前。我由衷地称赞道：“真了不起，没想到我家女儿这么能干啊！”女儿非常高兴，赶紧提醒我们：“快尝尝我的手艺怎么样？”

由于技术含量低，女儿把牛奶和面包做得还不错，可是沙拉的味道实在难以下咽。但我还是鼓励她：“很好吃，宝贝你辛苦了！”女儿高兴地笑了，立刻表示明天还要继续这种有趣的活动。

接着，我带女儿去超市购物，按照清单一一购买，这是保证所有物品采购齐全的招数。女儿提着篮子在货架间快乐地穿梭，寻找清单上的物品。

一天活动下来虽然女儿很辛苦，但她变得更加懂事，更体贴和理解父母。我们也进一步体会到孩子的感受，增进了相互之间的理解与支持。因此，在生活中，父母教孩子一些实物操作，实在是一举两得的行为。

早在50年前，我国著名儿童教育家陈鹤琴先生曾针对父母对孩子照料过度的现象说了这样一句话：“做母亲的最好只有一只手。”

然而，如今这种现象仍旧非常普遍，在一些独生子女身上表现得更加明显。父母常常不让孩子自己动手，代劳他们的一切事物，让孩子过着“饭来张

口，衣来伸手”的帝王般生活。如果孩子年纪小或因特殊情况而生活不能自理，父母的确应该给予最好的照顾。但孩子长大以后，父母就要教孩子一些实务操作，教孩子逐步学会自理，进而自立。

老一辈革命家刘少奇曾说过：“对孩子一是要管，二是要放。什么叫放呢？吃苦耐劳的事情，经风雨见世面的事情，都要放手让孩子去干。这样可能孩子要跌些跤，但只有这样做，才能使他们受到锻炼，更好地成长起来。”因此，父母一定要端正认识，要充分认识到从小培养孩子自理、自立能力的重要性，让孩子及早学会独立。在生活中，父母要经常给孩子提供独立锻炼的机会，让他在各种锻炼中逐步提高自己的自理能力。

此外，父母还要让孩子树立生活自理意识。孩子只有从思想上认识到自理能力的重要性和必要性，才能从行动上主动地配合父母的培养。这样，父母的培养才能收到预期的效果。

最后，父母教孩子实务操作，要结合孩子的年龄特点来进行，在不同的年龄段搭配不同的内容。同时，我们要将一些应急的方法贯彻到日常生活的教育中去，方有助于孩子的成长。

6. 教会孩子管理人生

每个孩子都要单独书写自己的人生，所以，父母必须教会他们管理人生。

人的一生都在做着两件事：做事与做人。父母教孩子管理人生，就是既在做事又在做人。无论父母还是老师，都希望孩子将来能有所作为。但是，由于社会、历史及个人认识等诸多因素，导致很多人在培养孩子的认识上存在着一个误区，即只盯住孩子的分数，而忽视对孩子关于人生管理的教育。

如果一个孩子对自己的人生毫无规划，那么他的前景也必定堪忧。很多孩子虽然学习成绩不错，但是生活态度十分散漫，没有明确的生活目标。对于这样的孩子，父母往往忧心忡忡却又无可奈何。

其实父母完全可以采取比叹气更为积极的办法，教会孩子管理人生，学会做事做人，实现个人价值和社会价值。父母要对孩子的未来提出建议，教他们规划自己的人生，树立明确的人生奋斗目标。同时，要让孩子学会对自己的行为负责，掌握自己人生的方向。这样，孩子才能按自己规划好的正确方向一路坚定地走下去。

刘亦婷，举国皆知的哈佛女生，她之所以能考入哈佛大学，与父母对她管理人生的教育密不可分。在父母独特教育方法的引导下，刘亦婷成为一个全面发展的人。更有意思的是，他们并没有早早瞄准哈佛而是极力去培养女儿各方面的能力，但他们教育的思路却刚好与哈佛的要求殊途同归。

从刘亦婷的成长过程来看，她对自己的人生管理非常严格。上小学的时候，她就在父母的指导下确立了“争当前三名……保送进重点中学”这样具体的阶段性目标，这个目标确实成为刘亦婷整个小学阶段集中精力奋斗的方向。而为了实现这个目标，父母通过讲故事、树榜样，不断鼓励刘亦婷刻苦学习，奋发向上。虽然最后保送政策取消了，但是她仍然坚持完成了自己的学习计划，如愿考进成都外国语学校。

事实上，刘亦婷并非天才，她能在全市的竞争中脱颖而出，正是依靠了“比别人更努力”而实现的。

在每一个学习阶段，刘亦婷都有自己明确的规划，并坚决按照规划执行，从而达到自己的目标。而且在父母的教育下，她学会了如何去管理自己的人生。最后，通过努力，刘亦婷考上哈佛并获得了全额奖学金。

刘亦婷所做的精细人生管理，让她走在了同龄人的前列。而这样的结果得益于父母很早就教会她如何去管理自己的人生。

那么，父母要想教会孩子管理自己的人生，具体应该怎么做呢？

一、教孩子树立明确的奋斗目标。比如上小学时，父母就可以教孩子给自己订立合理的学习目标。目标的实现将让孩子增强自信心，从而下定决心并保持毅力去实现下一个目标。在这个过程中，父母也要帮孩子建立适当的竞争危机感，让孩子拼尽全力去达到自己设定的目标。

二、帮助孩子把大目标从各个方面分解成远、中、近期等组合性目标。只要孩子愿意，这个要求会很容易达到。

三、教孩子对目标进行分析整理，判断自己的目标是否合理以及路径是否正确，并且还要分析难点及关键点。

设定一个适当的目标，等于已经成功了一半。此外，父母还需要监督孩子执行。孩子学会管理自己的人生，那么他们将自发地为实现那个清晰明确的未来而努力。

7. 教会孩子掌握必要的财务知识

关于是否让孩子学习财务知识，很多父母都有几分犹豫。他们觉得孩子年纪还小，如果让他们过早接触金钱，会不会污染孩子纯洁的心灵？

其实，这种担忧完全没有必要。恰恰相反，父母教孩子正确的金钱观念，会让孩子将来更好地面对与金钱相关的事情。教孩子财务知识不是逼孩子快速成长，是因为理财确实是孩子成长过程中非常重要的一部分。无论孩子多大年龄，只要他对金钱有兴趣有问题，那么父母便可以开始教孩子财务知识。

那么，父母如何教孩子理财呢？

其实非常简单。首先，父母无须专门腾出时间来教孩子，大可将其渗透到日常生活当中。每一天，我们都会涉及与财务有关的事情，父母可以适当给孩子讲一些。如此日积月累，孩子便会逐渐掌握这些知识。将来，他接触到钱的时候，也不至于太被动。

父母在自动取款机上取钱时，如果孩子恰巧在自己的身边，那么你可以借这个机会告诉她“为什么可以从这里取钱”，这些钱是妈妈爸爸工作挣来的，是不可以随便取出的。父母在超市里面购物时，可以教孩子们怎么找出性价比更高的商品。在适当的时候，父母也可以给孩子讲讲自己的工作，讲讲自己是怎么赚钱的。此外，孩子买东西时，往往想要什么就买什么，这很正常。因为孩子还没有形成关于钱的具体概念。但是父母也不要因为宠爱孩子而陷入向无所畏惧的孩子让步、在他们面前感到负疚或放纵他们的误区。比如孩子看上了

一件几百块的名牌服装，他们并不一定能理解为什么这件衣服如此昂贵。因此，父母不要诱导孩子产生“花钱买昂贵的衣服就可以买来快乐”的想法，否则他们最终只能产生深深的挫败感。

其次，父母教孩子花钱时，首先要教孩子在花钱之前保持冷静的头脑。有一次，我给了孩子 50 块钱，让她考虑一下应该怎么花。女儿立刻脱口而出：“我要买 50 个棒棒糖。”显然，这是她冲动之下的想法。于是，我给她讲了很多“50 块钱可以怎么花”的方案。女儿听了之后，乐了。她从来没有想过，原来这笔钱还可以这样花，可以让她得到更多的快乐。于是，随着此类事情的屡次出现，使得女儿养成一个习惯，即在花钱之前慎重思考，想想值不值得买，为什么买，这笔钱花得是否物有所值……一段时间后，女儿终于学会理智消费。

再次，对孩子公开家庭财务。有的孩子非常关心父母挣多少钱，但是父母往往来一句“这不关你的事”就打发了孩子，或者用一句模棱两可的话来回答这个问题，如“比有些家庭收入多，但又不如别的家庭多”。其实，父母明确告诉孩子自己挣多少钱，是无可厚非的。因为孩子只是好奇，那些数字对于孩子并不会产生多大的实质性作用。

此外，父母还可以让孩子明白家庭的开支情况。比如，我们让孩子知道税后收入比实际薪资要少一些，同时告诉孩子每个月家里的支出明细，让孩子形成一定的理财观念。通过父母的讲述，孩子将明白每个月父母都要支付某些固定的开销，比如说房贷和汽车保险、水电费、买米买面买菜等等。这样一来，孩子就会明白父母赚钱不容易，家庭开销很大，以后自己买东西的时候，要“三思而后行”，理性地消费。

如何教孩子理财呢？父母可以给孩子一笔零花钱，让他们尝试自己去理财。具体来说，需要从以下几个方面着手。

一、父母给孩子设立一个他自己的账户，然后定期往里面存钱。孩子需要记下自己花的每一笔钱，以便父母观察他是怎么花钱的，从而及时进行指导。这样也有利于培养孩子对自己的财务负责的习惯。

二、规定孩子每次支出的额度。如花钱额度不得超过账户的 30%，这样，买东西时，他将学习精打细算，而不至于盲目地购物。

三、父母要教孩子储存一部分钱作为抵抗风险的资金，同时他还需要用账户里的钱做一些义务性支出，如过年过节时给爷爷、奶奶等买些小礼物。这样，孩子就有可能产生节约的意识。

四、当孩子出现乱花钱的行为时，父母不要急于批评，可以试着先搁置自己的情绪，在了解孩子的想法后，再给出相关实用的指导性建议。

最后，父母在教孩子理财的时候，自身也要学习一些理财知识。当然，这里的理财知识并非指那些专业的“理财知识”，而是指一些日常生活中常用的财务知识。试想一下，如果父母所有的信用卡都接近透支的时候，父母又怎么好意思警告孩子当心信用卡的陷阱呢？

8. 教导孩子怎样看待世界

马斯洛指出，人有五种不同层次的需要。童年期的孩子有生理需要和安全需要，这都要从父母那里获得，他们在父母身边最具安全感，也最信任父母。

由此可见，父母对孩子的教育最有效，对孩子世界观的形成最具影响力。从现实生活来看，父母的责任不可替代；父母的言行，会影响孩子一生。在多子女时代，每个孩子在学习方面受到父母的关心是有限的。但是现在家家基本只有一个孩子，父母对孩子的教育往往倾尽全力。

具体来说，父母对于孩子的影响力主要通过日常生活中的接触来实现。在童年期，如果孩子能由父母照顾他的一日三餐，放学能够及时回家，那么孩子乱花钱、交友不当的现象就可能不会发生。哪怕出现类似的问题，也可以及时制止。相反，如果孩子不在父母身边，则可能为所欲为。不良习惯一旦养成，克服起来将非常困难。

从孩子的生理特点来讲，青春期的孩子最叛逆。此时的孩子处在叛逆期，友情大于亲情，同学义气高于一切。从心理学的角度来看，玩比学更能吸引孩子。孩子一旦偏离学习的轨道，便容易拉帮结伙，沉迷于吃喝玩乐。这时孩子如果得不到父母及时的管教，便容易形成错误认识。几个不懂事理的孩子凑在一起荒废学业、沉迷玩乐，时间长了，老师、父母都无可奈何。等事情发展到不可挽回的地步，孩子才会发现，一切为时已晚。现实生活中，这样的孩子并不少见。

所以，当孩子的世界观尚未成熟的时候，上学的方式最好选择走读。孩子一天一天地在父母的呵护下成长，他将在点点滴滴的生活小事中感悟做人的道理。妈妈无微不至的爱可以滋润孩子的心灵，让孩子少走弯路，这对于孩子正确世界观的形成非常有好处。

结合我国的教育现状来谈，现在很多班级都是六十多人。在学校的班级管理制的教育下，老师很难对每一个孩子都做到面面俱到。孩子放学后的家庭教育的不同，便对孩子的成长产生不同的影响。在竞争激烈的升学大战中，父母的作用不可小觑。比较来讲，父母甚至比老师的作用还要更大一些。

我曾在报纸上看到这样一条新闻，黑龙江省文科状元潘伟明在《请你这样教育我》一书中这样写道：“我若生在别人家不一定成为状元，别的孩子若生在我家一定会是状元。”此话道出了父母这一角色的重要性。

世界观是人对世界（自然界、人类社会等）总的看法，是决定人思维和行动的根本原因。世界观对于孩子人生观的形成、人生道路的方向有着重要的影响。只有帮孩子建立起科学的世界观，才可能使他正确认识客观事物，正确把握人生方向。

在孩子世界观的形成过程中，父母的教育发挥着重要作用。父母的每一句话，每一个行动，都受其世界观的支配。当父母在孩子的面前表现这一点时，孩子会看在眼中，记在心里，形成他初期的世界观，进而化为基本的语言行动基础。

那么，父母如何才能帮助孩子形成正确的世界观，教孩子科学地看待这个世界呢？

为了保证孩子思维的正确性，父母最好先给自己充充电。通过读书，父母可以知道任何事物都是一分为二的矛盾统一体；通过理解唯物论，父母就不会信鬼神，更不会轻易被一些假象所欺骗；父母学懂了辩证法，就会正确认识自

己和别人，摆正自己在社会群体中的位置，从而达到扮演好自己人生角色的目的。父母教孩子如何正确看待这个世界的时候，这些知识的积累会让父母传授给孩子一些正确、得体、科学的为人处世的方法。孩子将受到熏陶感染，从而走正自己的人生之路。

父母自身要学会科学地看待这个世界，才能让孩子奠定好的思想和认识基础。如果父母成天在孩子面前装神弄鬼，孩子可能信以为真；如果父母看问题偏颇，那么孩子也将可能变得处事偏激。前些年，伪科学、假科学的东西甚嚣尘上，可谓害人不浅。倘若当时人们都具有科学的世界观，那么这些情况便不会发生。

所以，在孩子的成长过程中，父母要先将自己的主观情绪放在一边，以客观科学的态度帮助孩子树立良好的世界观。当孩子用自己的眼光看这个世界的时候，父母要给出客观的建议，让孩子自己去得出结论，这样才更有利于孩子正确意识的培养。

9. 教会孩子与人互动

在成长过程中，孩子不可避免地要与人进行交往。父母教会孩子与人互动，对于孩子将来走向社会拓展自己的交际圈，具有积极的作用。

交往是孩子的基本需要之一，哪怕他们在吃奶的时候，也会用“呵呵”的声音与母亲进行交流。孩子八九个月大的时候，会通过摸或抓的方式来表示亲热。等他们的年龄再大一点，则会因为共同的乐趣、相互懂得的语言，自然地和小伙伴们在一起玩耍。当孩子的交往需要得到满足时，往往特别高兴。因此，父母应正确认识孩子与人交往的需要，有意识地创设交往的条件并教孩子如何与人互动，从而满足孩子的情感需要。

既然与人交往、互动作为孩子的基本需求之一，那么父母教会孩子这项技能的重要性体现在哪些方面呢?

首先，可以有效地促进孩子智能的发展。

哈佛大学心理学家加德纳指出，人际交往是一种基本智能。由于年龄的原因，孩子心理上尚未发育成熟，他们与人互动的能力稍弱，需要父母从旁教导。最近，国际 21 世纪教育委员会也提出人际交往能力是教育的四大支柱之一，儿童早期的人际交往技能、交往状况会深深影响其未来的人际关系、自尊，甚至幸福生活。

其次，有利于孩子心理健康的发展。

从心理学的角度来讲，人际关系的好坏代表着人的心理适应水平的高低，

它是衡量心理健康的一个重要标志。人际关系不良的孩子，多患有心理方面的疾病，缺少正常的人际交往，孩子往往会表现得格外胆小、害羞、怕生，遇事容易产生畏难心理。而且，在与人交往的过程中，他们常常以自我为中心，很难与人合作，有时还会产生攻击性行为。

扩大人际交往并从中获得尊重、合作、分享和关心，则可以预防和治疗这类心理问题。由此可见，从小培养孩子的人际交往能力，对促进其心理健康发展、预防各种心理疾病有着积极而重要的意义。

我国古代的大教育家荀子曾经说过："人之生也，不能无群。"意思是说，人要通过交往来建立和谐的人际关系，才能融入正常的社会生活。研究表明，成年后的人际关系状况，往往与幼年时的人际交往能力关系极为密切。因此，父母在意识到教孩子与人互动的重要性之后，首先要清楚孩子的性格类型，然后才能有针对性地进行教育。

一是孤独型。

从从上小学四年级了，但是父母却从来没有发现她有好朋友。她与父母说话的时候，面部表情呆板且从来不注意对方的眼睛，对父母不依恋。在学校，她也从来不主动和同学说话，对谁都很冷淡。小朋友都喜欢的动画片，她也没有兴趣看。父母发现孩子似乎对这个世界上的一切东西都不感兴趣。

显然，从从是个孤独且孤僻的孩子。一般来说，这类孩子的父母对待儿女较为冷淡，被称为"冰箱型父母"。由于父母对孩子冷淡，造成孩子对所有人冷漠，包括父母和自己。孩子用这种冷淡的态度对待别人的同时，也将自己与外部世界隔断。

二是自我中心型。

这类孩子偏好独自玩耍，与同伴交往时只考虑自己的需要与兴趣，从来不替别人考虑。这种孩子的交往技能差，缺乏与人分享的意识，独占心理特别严重，甚至当别人不服从自己的意愿时，会出现动手打人的现象。这种性格多是父母处处宠爱造成的。父母处处以孩子为中心，从而造成孩子以自我为中心的性格。

第三种是偏交往型。

这类孩子在家里表现得有极强的语言表达能力，与熟悉的同伴也能一起玩，但是一旦遇到陌生人，就往往手足无措。

此外，孩子的性格类型还有被动型和能力缺乏型等，这些类型从字面就能理解，在此便不再一一赘述。

如果孩子属于上述类型，那么父母就需要在教育方面做出适当调整。人际交往是一种综合能力。父母要通过语言鼓励和行动支持，让孩子产生与人互动的愿望，会渴望被人喜欢，于是，孩子会尝试着主动与人交往。

然而，仅有交往的愿望还不够，父母要教孩子一些交往的技巧和经验。父母可与孩子进行与人交往的情境表演，让孩子通过亲身体验获得解决问题的方法。比如在孩子玩得起劲的时候，妈妈表演成一个抢玩具的人，一把抢走孩子手中的玩具。爸爸用商量的口气代替孩子问："你怎么抢我的玩具？你想玩可以和我商量嘛！"然后通过互动语言交流要回玩具。如此方式，孩子会觉得很有趣，然后产生深刻印象，进而轻松掌握这些技巧。

此外，父母还可以多组织一些集体活动。比如孩子过生日的时候，邀请他的伙伴参加，一起为他庆祝，增加孩子与人互动的机会；别的小朋友过生日时，父母也可以帮孩子准备一份礼物，鼓励他去参加。

在教孩子与人互动的过程中，父母一定要注意以身作则，带动孩子鼓起勇气尝试各种活动。这样，孩子就会变得越来越活泼。

10. 教会孩子正确的人生态度

一个父亲有两个孩子，一个乐观，另一个悲观。父亲把乐观的孩子送到一间充满马粪的屋子，而把悲观的孩子送进满是洋娃娃的房间。过了一会儿，爸爸再来看这两个孩子，却发现一个在哭，一个在笑。

悲观的孩子在哭，因为他不知道玩哪一个玩具好。

乐观的孩子在笑，因为他觉得既然有马粪，那么这附近肯定有一匹小马。

从这个故事中，我们可以看到乐观和悲观的人两种截然不同的人生态度：悲观的人即使处境再好，也总会找出那一点点的忧虑来郁郁寡欢；相反，乐观的人即使身处逆境，也会努力寻找希望，从而变得快乐起来。

现实生活中很多孩子就是如此。有的孩子很悲观，他们总是看到人生中的乌云，看不到阳光。当然，每个人都有出现负面情绪的时候，不过，总是心情沮丧将有害健康。而且，最重要的是这种人生态度将会给自己的人生带来不好的影响。

当然，想让孩子积极乐观并持有正确的人生态度，父母就要经常鼓励孩子。当孩子悲观失望的时候，父母一定要给他们增添信心。

一位同事有一个乖巧漂亮的女儿。有一次，她女儿的作文获了奖，大家都用羡慕的口气谈起这件事情。谁知同事的女儿却微笑着说，其实都是妈妈一直在鼓励我，要不然我一定不能坚持下去。

原来，开始的时候，她的女儿对于写作文非常头疼，根本不知道如何将一句句话凑成一篇作文，于是，常常苦恼地对着作文题目发呆。她觉得自己很笨，可能永远都学不会写作文。在一次语文考试中，因为她的作文写得非常糟糕，居然只考了 70 多分。于是，她拿着试卷一路哭着回了家。同事看到后，没有批评她，还安慰她："孩子，虽然我不知道老师为什么给你这么低的分数，但这就是我心目中最好的作文。"听了这话，女儿感动得哭得更厉害了。但是，从此以后，她决定加倍努力，真正写出一篇最好的作文献给妈妈。现在，她果然实现了这个愿望。

那么，如何才能教育孩子有一个正确的人生态度呢？

一、父母要审视自己的人生态度。

人的性格可以经过后天的培养而成。如果孩子处处表现得悲观，那么父母要自我检讨，看看自己是否也是这样，是否经常把工作中的负面情绪带回家；是否经常在孩子面前表现得不高兴，从而吸引了孩子的注意力，让孩子受到自己的影响。在自己长时间悲观情绪的感染下，孩子将来的人生态度就会受到负面影响。因此，无论遇到多难的事情，父母请一定要记住，孩子在注视着你。面对打击，如果你表现得很脆弱、悲观沮丧，可想而知，孩子自然会感同身受，变得不开心；而倘若你用积极的方式渡过难关，那么你的举动将给孩子以很大的鼓舞。

二、父母不要一味指责孩子。

如果父母总是说孩子这不好那不好，孩子也会感觉自己一无是处，从而失去信心，变得非常消极。时间一长，孩子也许会真的发展成如父母所说的那么差劲，于是自暴自弃，内心悲观。所以，在孩子失意的时候，父母要适时地给予鼓励，帮助孩子建立信心，而不是一味指责，否则将会事与愿违。

三、父母要引导孩子正确面对挫折。

不可否认，人生挫折包括很多方面，不能一概而论，生活的不如意也可能

让孩子变得悲观失望。比如生活中突然出现亲人离世、父母离婚或者失去好友之类的变故，都有可能让孩子受到沉重打击，致使人生态度发生改变。孩子遇到人生的艰难时刻，父母应该给予支持，帮助他们渡过困难期，千万不要让痛苦的经历给孩子的人生蒙上阴影，从此变得悲观起来。而面对挫折和坎坷，父母也要引导孩子正确认识，鼓励他们不要气馁，从头再来未尝不可，以更为积极的心态面对生活中的起起伏伏。

四、父母要帮助孩子建立自信心。

无论做什么，如果一味悲观，孩子就会什么也做不成。自信心与积极的人生态度相辅相成。父母要鼓励孩子尝试新的事物，对他们取得的成绩给予及时鼓励。这样，孩子的自信心会不断加强，从而树立起积极的人生态度。

总之，孩子积极的人生态度可以通过后天培养而成，父母要给孩子做一个好的榜样。如果父母发现自己正在成为孩子消极态度的榜样时，一定要先立即改正，尝试用不同的角度积极看待人生。凡事多思考，多看积极的一面。无数研究已经表明，乐观的人比悲观的人要长寿。拥有积极的人生态度，孩子将会生活得更快乐，更健康！

11. 教育孩子做事不能三分钟热度

东东已经 7 岁，每次上课都不能像别的小孩一样专注，总是不专心。常常是老师在台上讲课，他就在下面偷偷摸摸做着小动作或者东张西望，让老师非常生气。

不仅如此，东东还有个毛病——做事只有三分钟热度，很少可以完整地做成一件事情。其实，东东的这种习惯早在上学之前就出现了，只是上学后变得更加明显。面对这种情况，父母也是烦恼万分。

后来，东东的父母将他送到一家儿童教育机构进行培训，经过一番努力，东东总算获得可喜的改变。归根结底，东东的这一切行为源于专注力差。所谓专注力，就是指一个人能把视觉、听觉、触觉等感官集中在某一事物上，达到认识该事物的目的。

那么，为什么孩子会出现做事三分钟热度的情况呢？

具体的原因有以下几点：

一是先天身体方面的因素，比如说剖宫产的小孩容易出现专注力不足的现象，这一点是先天的因素决定的，只能从后天进行弥补。

二是后天的影响，比如说孩子生在一个大家庭里，每天都有很多的人和自己打交道，如果家人过多，实行的教育认识越复杂，那么就容易造成孩子认知方面的混乱，从而造成注意力不能集中。

三是性格方面的因素，比如说儿童本身的性格特征也会影响到专注力，而

且这种孩子通常精力比较旺盛，思想比较活跃，所以表现出来的时候往往显得极为活泼，自然专注力也要差一些。

当然，还包括其他的原因。但无论是哪种原因，父母都应该多花时间关注孩子，及早发现问题，尽早训练孩子的专注力，这样才能让孩子养成良好的行为习惯。

那么如何才能改变孩子三分钟热度的坏毛病呢?

一、父母积极参与到孩子的生活当中，与孩子多沟通。

孩子做游戏的时候，父母可以积极参与，以竞争的方式来接近孩子。这样一来，孩子将感觉自己受到重视，同时，竞争的感觉可以让孩子玩得更刺激，注意力也更加集中。另外，父母要尽量多陪陪孩子，有意识地准备一些适合孩子的书籍。在空闲的时间，陪孩子点读(即一个字一个字地点着读)，而不是上网、看电视，为孩子树立一个好的榜样。

二、送孩子去教育机构进行专注力训练。这些训练通常比较系统，会运用需要高速阅读的特殊卡片刺激孩子眼睛的杆状细胞，利用特殊的图表来训练孩子对数字的敏感和专注度，使用一些脑波音乐来刺激儿童的左右脑潜能等等。这种专业训练，通常可以收到良好的效果。

三、如果条件允许，父母还可以在家里给孩子开展专注力训练，虽然家里的训练比较简单、随意，但也有其优势——可以随时随地进行。据有关专家介绍，在家里可以进行数豆子、走直线、用筷子夹东西、在两张图上找不同等小游戏，以此训练孩子的专注力。另外，父母还可以组织一些集体游戏，激发孩子的学习兴趣，逐步改善孩子对事物或活动的专注程度。

对孩子的专注力进行训练，父母一定要遵循“不命令，不要求”的原则。不管孩子做得是否出色，我们都不能苛求孩子，应针对孩子自身状况来定。比如孩子不愿意玩某个游戏，父母最好不要勉强。有一种比较好的方式是让父母甚至全家人都参与到训练中，让孩子为大家安排角色或制定比赛规则。这种形式让孩子感到被尊重，能持续激发孩子参与训练的动力。当孩子的主动性和积极性发挥出来后，他们“对事物只有三分钟热度”的情况将会发生改变。

当孩子无法坚持自己所做的事情时，父母要及时进行教育，鼓励孩子继续进行。必要的时候，甚至可以对孩子表达一下自己的不满，提醒孩子遵守当初的诺言，从而促使他变得专注而有毅力。

除了上述方法，生活中还有很多方式可以让孩子得到锻炼。只要父母不断进行尝试和摸索，一定可以改变孩子“凡事只有三分钟热度”的坏毛病。

12. 培养孩子的事业心

无论孩子的学习成绩是否理想，父母对他们将来人生道路都会担忧，这十分正常。可是仅仅忧虑，并不能从根本上解决问题。只有培养孩子的责任心、事业心，他们将来才能立足于人世，找到真正的生活出路。

谈到孩子的事业心，很多父母可能觉得孩子还小，谈及此事有些为时过早。

其实，让孩子拥有事业心并不是真的要求他长大后建立丰功伟业，而是让孩子从小有一种事业心的意识。比如孩子说自己将来想当老板、明星或者科学家，这些都是孩子萌发事业心的表现，并不一定只是一时冲动，而有可能是孩子认真思考的结果。此时，父母不能因为觉得孩子异想天开，想法太过荒唐而打击他们。相反，我们应该加以鼓励，并适时引导。说不定，有一天孩子真能实现这个愿望。这种奇迹般的事也并非没有发生过，爱迪生成为伟大发明家的过程即是典型一例。

当然，这并不等于要求孩子一定成为那样的人，只是想强调这些愿望对于奠定孩子事业心和责任心的重要性。至于他们长大后会不会实现这些目标，那是将来的事情。即使没有什么结果，但只要孩子愿意想，他就会感觉到生活的目标和意义，从而有所期待。而且，对于孩子来说，将来也不再是一个茫然而虚无的概念，而是一个有许多实在的事情等待去完成的大目标。

一位朋友的孩子曾经在上大一时被劝退过。当时，他的父母非常着急，问孩子“将来打算怎么办”的时候，孩子一脸茫然。他不知道自己将来做什么，

也没有任何激情与动力。造成孩子这种情况的原因就是父母没有从小对其进行事业心的培养，导致长大后失去生活的方向。

在社会上，人们常常通过一个人的社会地位、经济收入等比较具体的指标来判断他的价值。但是，如果一个人要评价自己，就显得非常复杂。我们常常是拿目前状态和期望状态做对比，这之间的落差如果太大，就会觉得非常失败。所以，期望是一个人的成就感和快乐度的重要指标。

另外，人一旦拥有事业心，就将很难改变。孩子的小学和中学阶段是价值观形成的重要时期，孩子不仅要取得好的成绩，还要学会怎么去做人，怎么为自己的目标而奋斗。有事业心的孩子具备明确的理想和信仰，他们知道自己需要什么，从而为之付出相应的努力。而且，在这个过程中，事业心会激励孩子不断进步，让孩子感觉生活充满希望。

那么如何才能让孩子具有事业心呢？

如果进行枯燥的说教，效果不会太理想。因为孩子毕竟是孩子，他们的思维能力尚不成熟，很难全面考虑问题。从身份上来说，他们还是学生，没有成为一个应该承担家庭责任与社会责任的义务人。孩子的责任意识、事业意识主要还是从父母的身教中获得。所以，要想让自己的孩子具有事业心，那么父母首先自己要有责任心、事业心。身教重于言传，明白这一点，教育才可能达到预期的效果。

如何让孩子养成责任心与事业心，这还是一个培育习惯的问题。

首先，父母要有良好的生活习惯和工作习惯。因为良好的生活习惯是身体健康的前提，也是做好事业的基础。父母生活有规律，有节制地饮食，注意保养身体，这些都将在无形中影响到孩子。家庭作风民主，相互尊重；父母工作敬业、做事认真，这样的家庭无疑是幸福的和谐的。而孩子处在这样的环境中，自然而然会养成认真生活和学习的态度，接受父母的教育。看到父母为事业打拼，小小年纪的他们也把事业心埋在了心底。

其次，在孩子面前，父母要表现出良好的谈吐和思考习惯。不论公众场合待人接物，还是家庭生活中交流沟通，父母都不得傲慢无礼、目空一切。我们说话要平和、踏实且言之有理，体现随和、优雅和智慧。在孩子面前，我们不要说人是非，不做饶舌客；要表现出自己的思想，不可三心二意，想法一时一个样。如此，孩子自然会受到父母良好教养的熏陶，孩子的责任心、事业心则能在潜移默化中形成。

再次，父母要有具体的事业计划。不积极学习且不求上进的父母，很难教育好子女。父母本身没有具体的事业计划，只会在孩子面前装腔作势，将会让孩子小看你。因此，父母要将自己的计划做得扎实一点，保持平和的心态，一步步地完成自己的人生目标。这样，当父母在工作中取得成绩，孩子也将为之感到自豪。同时，受父母影响，他们也会逐渐养成做事有计划的好习惯，为将来的事业打下良好基础。

最后，孩子的责任心、事业心大多与父母的身教不可分离，那么，父母有责任心、事业心则十分重要。而父母本身所表现出来的认真做事的习惯、调整心态控制情绪的习惯、适应形势变化合理理财的习惯对于孩子拥有事业心以及将来打拼事业都不可或缺。做好以上准备，孩子的责任感和事业心终将逐渐形成。

第7课

好父母必备的15种素质

父母养育孩子是一种本能，也是自然法则。父母对子女的影响是巨大的，所以更应加强自身修养。作为好父母，必须提升自己方方面面的素质，在对子女的自然教化中才能潜移默化地起到正面积极的影响。

1. 始终如一的教育方针

有位妈妈每天总是很晚才下班回家，孩子眼巴巴地盼着，见到她后每次都显得特别激动。

有一次，妈妈给孩子带回一个玻璃工艺品。这是同事送给妈妈的礼物。孩子非常高兴，拿着它翻来覆去地看。结果，他一不小心失手把东西掉在地上摔碎了。妈妈非常生气，大声训儿子："你看你，怎么这么不小心，好好的东西被你摔成了碎片。"

孩子知道自己做得不对，睁大眼睛看着妈妈，什么也不敢说。后来，妈妈很后悔，她觉得自己很不称职。因为她口口声声教儿子遇事要冷静，要以理服人，但是，一遇到事情，她就"口不由己"。

其实，这位妈妈的行为，就是不能坚持始终如一的教育方针的表现。虽然她教孩子遇事要冷静，但她的做法却颠覆了自己以前所说的话。拿发生的这件事情来说，真实的情绪表现会给孩子留下很深的印象。由于妈妈的言行不一，孩子的思想将会陷入混乱，最终导致教育失败。

所谓始终如一，是指同类事件发生时，都用同一种方式处理。父母教育孩子，也应如此。对待孩子保持一致性，这是孩子信任父母的基础。如此，孩子可以预先知道父母将对其行为产生的反应，从而建立一种安全感。这种安全感也是孩子对父母产生信任的因素之一。只有建立在信任的基础上，对孩子的教育才能获得良好的效果。

因此，为了获得孩子的信任，要求父母实行始终如一的教育。

那么，父母怎样对孩子进行始终如一的教育呢?

始终如一的教育，自启蒙教育而始。2~4岁是孩子智力和个性发育的高峰期，也是孩子口头语言学习的关键期。从这时起，父母就要开始培养孩子的语言表达及观察事物的能力。此时，孩子往往具有很强的好奇心，父母可以引导孩子用语言描绘他所见到的物体形态、颜色、用途、数量等。当孩子接触到新事物，父母也不知道答案时，应当去查阅相关资料，尽力保证给孩子最准确无误的答案。不然，孩子将来发现父母对于某事物的解释是错误的，就会从心里减少对父母的信任。

同时，父母要夯实孩子学前班的基础。从坐、写姿等各方面严格要求孩子，及时纠正不良习惯。同时，父母对孩子的培养一定要认真，帮助他们建立科学的学习方法和良好的学习习惯，如每天检查作业、合理安排学习和玩耍时间等。这样打好基础，孩子将逐渐步入正轨。将来再出现这方面的问题，父母可以及时纠正，而孩子也较容易接受，不会难以适应。

小学阶段，父母要对孩子进行强化式教育。我们要培养孩子科学利用时间的观念，和孩子一起制定作息时间表，使孩子自觉合理地支配时间，劳逸结合，从小养成珍惜时光的好习惯。在这个过程中，父母须坚持始终如一，要让孩子始终具有非常强的计划性，每个阶段都有自己的安排，直至中学、大学。

2. 教养源于生活的累积

父母都希望自己的孩子成为一个有教养的人，而孩子的教养往往在生活中得以培育和累积。因此，家庭是培育孩子教养的最佳土壤。

老张有一个小孙子，每天从幼儿园回到家就对他大呼小叫。“老家伙，快快快，快把我的饭盛来，我肚子饿死了。”5岁的孩子这么差遣着他的爷爷。每当这时，妈妈立即站出来对孩子的话表示不满：“你怎么可以这样，要尊重爷爷，知道吗？”可是，老张反而赶紧为孩子保驾护航：“没关系，没关系，孩子饿了嘛。孩子这么叫我，是跟我亲热。”

老张可以认为孩子这样做是跟他亲热，但是父母却必须敲响警钟了。如果孩子一旦形成这种习惯，对自己的长辈都直呼“老家伙”这样不尊重的称呼，也会间接影响到父母权威的建立。而且，在旁人眼里，孩子这样明显是缺乏家教的表现。

一个孩子的教养源于生活的累积，日常生活中细枝末节的事情恰恰是成就孩子有教养的重要因素。为了让孩子健康成长，许多事情都需要认真对待，不得马虎。比如礼貌待人就是体现孩子有教养的一个重要方面，不讲礼貌不可等同于“不拘小节”。在素质教育中，礼貌待人并非可有可无的小事，而是事关孩子人际交往的大事。孩子形成礼貌待人的习惯，进而才能养成文明礼貌的美德。因此，父母和孩子都要把礼貌待人当做一件大事来看待。不仅如此，父母还要对孩子进行长期不懈的培育，让孩子礼貌待人的习惯根深蒂固。

曾经有这样一个经典的故事：

有位禅师来到一个小村。村民很欢迎他，纷纷邀请他去自己的家中吃饭。

去井边打水的时候，三位母亲碰到一起，于是她们开始聊天。

第一位母亲说：“我的儿子比其他孩子身手灵巧。”

第二位母亲说：“我的儿子唱起歌来极为美妙动听。”

轮到第三位母亲的时候，她只是腼腆地说：“我的儿子很平凡，没有什么值得夸耀的天赋。”另两位母亲听了，洋洋得意，她们感觉自己的孩子比她的孩子要优秀许多。

随后，三位母亲各自提着一个沉重的水桶返回村子，准备做饭招待禅师。

三个儿子都跑出来迎接母亲。

第一个儿子连翻好几个筋斗，精彩的动作赢得大家的喝彩。第二个儿子唱出美妙的歌曲，确实非常动听。只见第三个儿子默默地跑到母亲跟前，替她把水桶提回家。

接着，三位母亲同时问禅师：“您觉得我的儿子怎么样？”

禅师回答：“你们的儿子？我只看到一个替母亲提水的儿子。”

在这个故事中，禅师的回答道出了为人之子最基本的要求，那就是孝敬父母、尊敬长辈。当然，容貌、才华、智慧、技能都很难得，但是，美德才是最可贵的。尊敬长辈是孩子应该具备的基本教养。

父母要培育孩子从小有教养，那么家庭是第一块试验田。如果家庭教育中不注意孩子教养的累积，放纵孩子为所欲为，那么，孩子往往先是“没大没小”，最后可能发展到“无法无天”，教养荡然无存，这一点父母切不可忽视。

那么，父母应该怎样把孩子培育成一个有教养的人呢？

在教育孩子方面，父母必须扮演更积极的角色。父母自身的教养将对孩子的教养产生深远的影响，因此要教给孩子最基本的生活礼仪，让孩子懂得尽量不要打扰或者麻烦别人。

父母还要教导孩子做一个正直的人，以无愧于内心的态度行事，免疫于社会上不道德、不文明的各种丑恶现象；利用语言来引导孩子学会尊重别人，帮助别人。同时，父母还要加强自己的责任意识，不断提高自己的个人修养，多为社会做力所能及的好事。

教养与习惯紧密相连，良好的习惯久而久之会成为一种自觉的行动，内化为教养。可以说，塑造有教养的孩子是从培养良好的生活习惯和自理能力开始的。最起码的教养体现在自己的事情自己做，养成良好的生活自理习惯。

可见，教养的累积最关键在于日常生活中良好习惯的累积。因此，父母要从点点滴滴的小事上帮助孩子形成良好的习惯，从而逐渐进行累积，最终成为一个有教养的人。

3. 站在孩子的角度思考问题

天天是家里的独子，目前在读中学。父母除了在学习上对天天严格要求外，对他的物质方面的要求都有求必应。按说有这样的父母，他一定会过得非常幸福，可是，最近父母却发现，孩子出现了情绪消沉、爱发脾气、性格孤僻等现象。父母不明白，他们把孩子照料得那么好，孩子怎么还会有问题？

于是，天天的父母希望我能和孩子进行沟通交流，发现问题并给他们提出解决方案。通过了解，我发现天天的父母对天天的物质生活确实照料得非常好，不过对于他的精神生活却有所忽视，日积月累，孩子就出现了心理问题。想解决这些问题，需要父母站在孩子的角度来进行思考。

天天的父母提到，因为他们小时候生活条件差，过得不好，所以他们不想孩子吃他们吃过的苦。他们一味满足孩子的物质要求，不料反而忽略了他心理上的需求。现在的孩子上学很辛苦，天天也一样。面临中考，加上天天成绩并不是特别好，所以他压力很大。父母为了让天天考上一个好的高中，还在不断地对他施加压力，给他布置大量的功课。如果天天没有做到他们的要求，他们就会不高兴。这种家庭环境不仅使得天天要极力去满足父母的期望，而且还得时刻小心自己的行为，生怕又有什么事惹得父母不高兴。时间一长，他就极容易出现焦虑情绪。

让父母站在孩子的角度想问题并不简单，从说话方式这一点就可以看出。比如有的父母早已习惯了对孩子说“你给我……”“你听着……”“我希

望……”等，一听就是在给孩子下命令。父母在说这些话的时候，究竟是否考虑过站在孩子的角度上想想，考虑一下孩子的需求呢？无疑，这是有难度的。

即便如此，父母还是应该试着换位思考，不要总是一味地命令和责备孩子。当你说孩子哪里哪里做得不好时，往往依据的是自己定下的标准，而这种标准又往往超出孩子的能力范围之外，父母如此高的期望，自然容易产生“恨铁不成钢”的心理。然而，无论父母如何不满意，都不能强行要求孩子的行为及其结果符合自己的想法。否则，面对父母不时流露出来的不满情绪，孩子的自尊心将受到损伤，变得不自信，最后甚至自暴自弃。差生往往就是这么产生的。

其实，每个父母都是曾经的学生，也曾被父母误解。回忆一下自己当初走过的路，那么父母换位思考便容易得多了。

了解孩子的心理需求后，父母再与孩子进行心与心的交流，就远比生硬的说教有效得多。同时，父母与孩子交流需要技巧。如果父母以捆绑孩子独立思考能力的方式与孩子对话，那么当然难以收到好的效果，反而还会让孩子厌烦与父母交流，表现出反感和叛逆的情绪。须知父母认真地倾听并换位思考，远远胜过自以为是的家庭教育。

那么，具体到解决天天的心理问题方面，他的父母应当怎么做呢？

我建议天天的父母通过学习去了解现代孩子的心理特点，逐渐了解天天的想法，然后对教育方式进行调整。像天天这样的情况并不鲜见，相信只要掌握并实施对的方法，就一定会有所成效。

首先，父母自己先要从陈旧观念的牢笼里走出来，了解孩子的心理特点，从而调整教育方式，达到符合他们心理需求的目的。

其次，父母需要全面认识孩子，包括认识孩子的心理需求。

再次，父母还要学会换位思考，认真倾听孩子的话。需要注意的是，父母

千万不可居高临下地对孩子发表自己的看法，动不动就命令孩子。

很多事情在大人的眼中也许微不足道，但是在孩子的眼中，可能已经惊天动地。此时，父母必须站在孩子的角度，才能深刻体会孩子的心情。比如搭积木在大人眼里是小事，但在孩子的眼里可能比一座大楼的建造还重要；很久之前从学校得到的小红花在父母眼中可能只是碍眼的彩色纸，但对孩子来说意味着自己的荣誉以及对曾经的纪念。如果父母随便处理，孩子会非常伤心和生气；反之，如果父母注意把小红花整理并存放好，则能让孩子感受到父母的理解与关爱。如此，亲子关系将更加融洽，父母的教育也将更加顺利。

最后，父母要注意保护孩子的好奇心。

孩子都是好奇宝宝，喜欢对一些小事和微不足道的情节刨根问底，有时会让父母感到厌烦。关于这一点，关键还是父母认识不足。孩子的思维能力与智力发展息息相关，他所有的好奇与问题都是思维运转的结果。父母一定要让孩子这种强烈的求知欲望和好奇心得到满足，千万不能把孩子探索的欲望扼杀在摇篮里。

4. 把孩子看作独立的个体

有一次，我在一部德国影片看到这样一个场景。电话铃响起，听筒里传来一个孩子稚嫩的声音：“你好，我是杰克，请问我能和凯思一起玩吗？”

听到这句话，妈妈没有马上答复，而是转身叫来了自己5岁的孩子，让她自己作决定。小凯思认真考虑后，回答说：“我下午没有别的安排，应该有时间。那好吧，我答应你了。”

接下来，两个小孩子约好了时间和地点。看到这里，我心想，国外这种把孩子当做独立的个体来尊重的做法非常有意义。最起码，它比起我国父母一手包办孩子所有事务的行为要好得多。

在国内，不少孩子从一两岁的时候就开始和别的小朋友约着一起玩。那么小的孩子，话还说不利落，所以，这约会其实就是母亲之间的约定。

孩子年龄小，表达能力欠佳，由父母代劳约定聚会自然无可厚非。但是，孩子长大后，很多父母往往把这个习惯沿袭下来。当然，有的父母会问一下孩子的意见，但多是做表面文章，往往还是以自己的意见为主。所以说，中国多是搞形式主义，而且还是父母给孩子搞形式主义。

让我们学习一下德国妈妈们是怎么做的吧。每当她们谈到孩子约会的事情时，妈妈会把自己的孩子叫过来，蹲下身子郑重地问孩子“是否愿意和某某在一起玩”。看见孩子点头，她们才会正式答应。不管孩子或大或小，都享受如此待遇。开始时，我觉得德国妈妈有些小题大做了，因为孩子们是否在一起玩，完全取决于父母的时间安排，只有父母有空，孩子们才存在一起玩的可能。

后来，我才发现其实并非如此。这个问题看上去好像只是象征性的，但德国妈妈却并非在做表面功夫。我们换位思考一下——某某想和你一起玩，妈妈今天下午有时间，你可以和他玩。但是，你愿意和他一起玩吗？这个问题充分表达了父母对孩子意愿的尊重。尽管孩子还很小，让他自己选择玩伴好似没太大意义，但是父母的做法将让孩子体会到被尊重的感觉。这种尊重孩子的精神，恰恰是中国的父母所缺乏的。

从我国的传统文化来看，最重要的不是孩子的独立，而是孩子的孝顺。在父母的眼里，孩子是自己生命的延续，是属于自己的一部分。如果孩子有什么事情，父母理所当然替孩子做主，年幼的孩子就更不用说了。当然，时间一长，孩子也会习惯于服从父母的决定，“我妈妈说了，不让……”“我妈妈说了，让……”他们根本就不会自己作决定了。

鲁迅曾说过：“中国的孩子，从小不把他当人，长大了也做不了人。”诚然，中国父母最为看重的是孩子的学习成绩、孩子在人前的表现，想到的是孩子是否吃饱穿暖，是否身体健康。他们从来没有把自己的孩子当成一个独立的个体去尊重，他们忽略了孩子作为人本身的意义。然而，从人格意义上来说，孩子不是父母的附属，而是需要被尊重的独立个体。虽然这一观点早就存在，但是很多父母始终无法想象和接受，当然也就更谈不上实行了。

事实上，孩子一出生就成为了一个独立的个体。他们始终有一天会长大成人，离开父母，凡事作出自己的决定。父母从小尊重孩子的意见，让他从小拥有自由选择的权利，那么成年后，孩子将拥有独立的人格和自信心，对自己的行为负责。而且一个内心不独立的人，很难做成什么大事。

因此，父母一定要注重培养孩子独立的人格，尊重孩子的想法。涉及孩子

的问题，一定要事先征求孩子的意见，绝对不能事事包办。要试着培养孩子独立的习惯，放开手让他们去做一些事情，以此来锻炼他们独立生活的能力。

此外，把孩子看作独立的个体，父母还要注意随时和孩子沟通，帮助他们解决问题，及时给予鼓励，提供相关方法和策略作为参考。比如孩子遭遇失败，父母要给予孩子指点，教他学会总结经验和教训，不至于让他的自信心深受打击。

总之，尊重孩子的独立性将让孩子渐渐变得成熟，从而使他们在走向社会后，能够迅速适应身边的环境。

5. 给孩子选择的权利

换季时，我们几位父母带着孩子们去商场买衣服。孩子特别开心，各自挑选自己喜欢的衣服。后来，晴晴选中了一套白色的裙装，可她妈妈不喜欢，硬是让她再换一件。

晴晴不乐意了，小嘴撅了起来，两个人就争执开了。我在一旁急忙劝说，“既然是给晴晴买衣服，就应该尊重她的意见，让她有选择的权利。不过，你也可以适当给予建议，不如你们商量一下再作决定吧，不要这样在大庭广众之下争执”。

听到我这么说，晴晴主动和妈妈商量，讲了自己的想法。妈妈听了，感觉自己刚才的做法确实欠妥。于是，在慎重考虑后，她给孩子买下了那套裙子。

尊重孩子，给孩子自由选择的权利。这看似很简单，但很多父母却难以做到。他们往往把自己的想法凌驾于孩子的想法之上，在尊重孩子方面做得还远远不够。父母不要以为孩子还小就不会自己做选择，事实上，孩子也有选择的权利。父母越不给孩子权利，孩子将越不懂得如何利用自己的权利，等孩子长大后，他们会在需要运用自己选择的权利时不知所措。

纵观当前的社会现状，父母真是恨不得为孩子想得面面俱到。小时候，父母牵挂孩子的冷暖饱饿；随着孩子渐渐长大，父母又担心孩子的学习和工作。每当他们担心的时候，他们就会把自己的想法付诸行动。在这个过程中，孩子逐渐丧失了自己选择的权利。

其实，父母大可不必如此不放心。如果在孩子小的时候，父母能培养他们的自理自立能力，培养他们认真做事的责任感，那么孩子将从小形成一种勇敢无畏、自信独立的性格。然后，孩子将拥有一个充满希望的未来，相信这是每位父母都希望看到的。

那么，父母应该如何逐步放权，让孩子拥有选择的权利呢?

刚开始，父母可以先和孩子进行内心交流，明白孩子所思所想。想法达成一致后，父母可以鼓励并监督孩子去执行。若有特殊情况发生，父母要协助孩子解决，并鼓励孩子将正确的做法坚持下去。

随着父母和孩子的互动和孩子自立能力的培养，亲子之间就展开了一场马拉松比赛。待孩子的习惯养成后，父母和孩子便不会再感到吃力。父母对这一点应有所体会，要学会尊重孩子的选择，千万不能一意孤行，摧残孩子的心灵。

孩子的选择与父母相悖时，父母不要一味地把自己的想法强加给孩子。要注意倾听孩子的心声，明白孩子为什么会这样选择。这种亲子沟通将消除误会，从而加强亲子关系。

德国教育学家卡尔·威特说："我认为倾听是一种非常好的教育方式。"因为倾听是对孩子表示尊敬与关心，也将促使孩子去认识自己的能力。

事实正是如此。如果父母能理解孩子的意见，接受孩子的选择，那么孩子会感觉受到自己父母的重视，从而受到鼓舞。这样，一旦他有新的想法或者建议时，就会毫不迟疑、无所顾忌地发表。先是在家里，然后在学校，将来在工作岗位上，孩子都能自信勇敢地正视和处理问题。这对于孩子来说具有非常重要的意义。

此外，父母要给孩子一个自由选择的合理范围，让他的选择变得可行又目的性强，而且可以很快见到实效。孩子毕竟知识和经验有限，远远不能和经

历丰富的大人相比。父母所提供的选择最好和孩子本身相关，可建立起某种联系，能让孩子从选择中受益，体会到选择的乐趣。那么，这就需要父母在日常生活中多加思考。

当然，在孩子学习选择的过程中，父母千万不可糊弄孩子。如父母本来答应孩子尊重他的选择，但在最终执行时却又改变主意，父母可能不以为然，但这样的言行不一会让孩子有不安和被轻视的感觉，从而损伤孩子的自尊心并增加孩子的社交恐惧和对他人的不信任。而且父母让孩子进行选择，应该以孩子的安全感和快乐为前提。

这种情形会给孩子带来心理创伤。尊重孩子的选择，那么孩子就会受到鼓舞。

6. 让孩子做个普通人

赵忠祥是全国公认的王牌电视节目主持人，他在电视荧屏、书报杂志上的曝光率很高。然而让大家感到奇怪的是，他从来不让自己的孩子站到镁光灯下。

针对这个问题，他在接受记者采访时深有感触地说：“我们这一代的演艺人员也好，文艺工作者也好，自己干出名了，不会带着夫人、儿子一块儿上电视、上书报。我不知道现在这种风气是不是很盛，我想恐怕也不会有超过10%的人会把自己夫人、儿子全都往电视上带。别人怎样我不管，反正我是不带。我觉得自己这样做才是合乎常规的。”换言之，赵忠祥想让自己的孩子做个普通人。

说起自己小时候的事情，赵忠祥回忆说，每当下雨天，父母通常都不会给孩子送伞。如果谁的父母去送了，那么这个孩子就会觉得羞耻，而且还会把伞藏起来瞒着大家，不喜欢自己受到这种特殊待遇。

赵忠祥表示，自己不会去干预他的孩子将来选择什么职业，选择一条什么样的道路。他希望给孩子一个普通人的心态。在赵忠祥看来，杨澜他们这一代人是这个时代的幸运儿。他们接受大学教育，没有遭受什么磨难，顺顺当当地就长大了，而且面临许多自己可以选择的机会。而且，这一代人有更高的追求。从这个意义上说，自立，尤其是心理上的自立，就显得格外重要。所以，他希望自己的孩子将来能做个自立自强的普通人。

因此，赵忠祥不让孩子沾自己的光，不让孩子跟着自己上电视，让他有一个普通人的心态，自己去闯荡。这就是赵忠祥教育子女的准则。

从他的教育准则中不难发现，让孩子做个普通人正是他的精明所在。

做个普通人，身上没那么多光环，也不会有多余的负担。人生从而轻松自在，可以轻装上阵，开始自己的旅程。孩子也可以按自己的意愿生活，勾画自己人生的蓝图。如此，他们一定会过得更加开心和快乐。

诚然，天下的父母没有不希望自己的孩子成才的。这里“做个普通人”的理念并非指不能着重培养孩子，而是父母千万不能为让孩子成才而人为地设置一些条条框框来限制孩子。父母设计好孩子发展的模式，孩子可能产生逆反心理。那样，孩子不仅得不到发展，反而会适得其反。

我们不妨借鉴一下当代文学家老舍的教子方法。他的教子方法共有四条：一是不必非考百分不可，特别是不必门门功课都考百分；二是不必非上大学不可；三是应多玩，不失儿童天真烂漫；四是要有健壮体魄。

老舍先生这样做的目的就是为了给孩子营造一个宽松发展的空间，让孩子得到充分发展，从而培养孩子的自信心，让他们能够适应社会的发展，创造更美好的未来。

在这个世界上，最多的还是普通人。如果孩子资质平凡，不可能成为杰出的人才，那么父母就选择让他做个普通人吧。小草虽然不可能长成参天大树，但是小草也有自己的美丽。只要孩子诚实、正直、善良、上进，那么父母都应为之骄傲，因为他们培养出来的孩子是对社会有用的。

有的孩子如果在某一方面表现出众或者稍微比别的孩子聪明一点，父母就会寄予很大的期望。于是，他们给孩子施加压力，带着孩子去参加各种比赛，对孩子提出更多更高的要求。其实，这种做法并不可取，可能导致本来很有进取心的孩子在如此重压下彻底垮掉。这时，孩子会觉得自己的一切行为并不是为了自己，而是为了取悦父母。他们会心生厌烦，从而表现出一种强烈对抗的情绪，甚至把“宁为玉碎，不为瓦全”用到此处，让父母感到深深绝望。

每个孩子都是父母心头的最爱，“望子成龙，望女成凤”是他们共同的心愿。但是，这个社会上能成为技术精英、科学泰斗和商海大鳄的人毕竟都是少数。如果所有父母都抱如此期望，那么他们的希望终将落空；如果父母一味强求，那么可能会让孩子不堪重负，造成悲剧。

因此，父母一定要本着一颗平常心，把孩子当成一个普通人，让孩子学会生活，学会劳动，学会体谅和尊重他人，这些远比好高骛远的精英教育更能让孩子接受。父母用平和的心态对孩子进行教育，说不定还能“无心插柳柳成荫”。

7. 学习微笑教养

我国著名的国家领导人、法学家、教育家雷洁琼，属于跨世纪的长寿老人（2011年1月9日去世，享年106岁）。这位老人无论走到哪里，永远都面带微笑，被大家风趣地称为“雷氏微笑”。正是由于具有这种微笑教养，她才得以长寿延年，并且获得如此高的威望。传说她去大学作演讲，刚开口说了一句：“同学们好！”大堂内便响起雷鸣般的掌声。

的确，微笑教养给这位杰出的国家领导人增添了无穷的魅力。微笑是世界上最美丽的表情，也是世界上最动听的语言，它是打开人们心灵的钥匙。

众所周知，在世界美术史的殿堂里，名留史册的画家成百上千，传之后世的作品琳琅满目。但是，堪称画坛巨人的却屈指可数，具有划时代意义的名作更是凤毛麟角。而达·芬奇的代表作《蒙娜丽莎》却成为其中最杰出的代表。

蒙娜丽莎以其含蓄迷人的微笑，把人类的美升华到了一种光照寰宇的境界，微笑的作用由此可见一斑。微笑代表一种良好的教养，体现了人的善良、宽容和爱心。无论何时何地，人与人之间的最短距离是一个可以分享的微笑。即使是独自微笑，也可以使自己和心灵得以交流和抚慰。

因此，父母让自己的孩子学习微笑的教养，对于孩子未来人际关系的处理具有重要的意义。

一位上小学的女孩，因为学习成绩和外貌均不出众，所以她从来不敢直视别人，更不会以微笑示人。有一天，她买了一个自己非常中意的发夹。这个发夹特别漂亮，以至于让女孩觉得如果戴上它，自己就是世界上最美丽的女孩子。

第二天，她戴着发夹出了门。在路上，她对每一个遇到的同学和老师微笑，大家也热情地回报她以微笑。她觉得似乎每个人都很喜欢自己，她把这些都归功于头上的漂亮发夹。

可是，放学回到家里后，她才发现那个发夹静静地躺在家里的地板上。她并没有戴着它出去。

那么，为什么大家对自己如此友善呢？因为微笑。

由此可知，微笑具有神奇的魔力，传递着自己友善、谦恭等情感信息，向他人发射出的理解、宽容、信任的信号。正因为如此，女孩才获得他人回报赞赏的目光和友善态度。

古希腊哲学家苏格拉底曾说：除了阳光、空气、水分和微笑，我们还需要什么呢？显然，在这位大师的眼里，微笑同生活中的阳光、空气、水分一样重要，不可或缺。

由此，更不必说微笑对孩子具有多么重要的意义。一个从小就微笑对人的孩子，长大以后，必然会用微笑的态度对待生活，成为社会上备受欢迎的人。

那么，父母如何才能让自己的孩子具备微笑教养呢？

首先，父母要让自己的孩子拥有自信。国外教育学家多罗茜·洛·诺尔特曾说："如果一个孩子生活在批评之中，他就学会了谴责；如果一个孩子生活在敌意之中，他就学会了争斗；如果一个孩子生活在鼓励之中，他就学会了自信……"如果一个孩子生活在微笑之中，他自然也就学会了微笑。孩子学会微笑，也将懂得生活的意义。而如何让自己具有微笑呢？拥有自信，当然是根本前提和最重要的条件。

其次，父母要让孩子学会真诚地赞美别人。父母要教孩子停止谈论自己的需要和烦恼，尝试着发现生活中他人的美好，并且发自内心地予以称赞。对方将感觉到你的友善，而你同时也会收获更多的快乐和友谊。

此外，父母要让孩子具有一颗仁爱之心。只有心地善良的人才能拥有纯洁真诚的微笑。父母要教孩子善良，让孩子懂得爱，学会爱。父母用微笑对待孩子，孩子将以微笑面对生活和他人。这样，孩子将拥有健康的心理和健全的人格。

孩子需要微笑。他们心地单纯，而微笑会将这种单纯以最美的方式呈现给世人。每一个孩子都喜欢笑，也希望周围的人回报他们以微笑。在孩子的世界里，微笑就是阳光和雨露，是他们不可或缺的营养。

孩子将从父母的微笑中体会到真诚和鼓励，其效果胜过千言万语。当孩子看着你时，他的心中充满希望，他渴望看到的是鼓励、支持和热情。所以，不论怎么疲劳困苦，父母都要对孩子展开最温暖的笑容。

总之，父母要为孩子创造一个包含友善、认同、鼓励和引导的“微笑”环境，这样，孩子才会在世人面前绽放最迷人的微笑。

8. 找出激励孩子的诱因

关于“激励”，具体来说，就是以综合的教育手段、方法为刺激诱因，满足学生心理需要并激发内驱动力，促使孩子把外部刺激内化为孩子个体自觉行为的过程。从孩子的角度来说，每个孩子内心都渴望成功。所以，每个孩子都是一支需要点燃的火把，需要得到老师或者父母的激励以及来自他人的肯定。

对于父母而言，找出激励孩子的诱因从而对其进行激励至关重要。父母都希望孩子能够具备良好的素质，那么就要运用综合手段对孩子进行教育，培养孩子独立自主和以创造为核心的主体精神，促进孩子全面发展。而激励机制就是让孩子最大限度发挥主体精神的一种方法。

父母找出激励孩子的诱因，不断创造机会增强孩子的自信心从而激励他们取得进步，那么孩子的成功将指日可待。一位教育专家这样说过，父母不要把激励放在口袋里，而要大方地拿给孩子。他们将还你一个惊喜，甚至是一个奇迹。所以说，激励并不是那么复杂的事情。一句夸奖的话，一个赞许的眼神或者一次充满爱意的抚摸，都会在孩子的心中掀起波澜。孩子将感觉到生活的美好，从而更加奋发向上。

父母给孩子以激励，还可以化解争执、冲突、愤怒等不良情绪，同时，这样还将拉近亲子距离，使亲子关系更融洽。比如孩子考试失败后，父母不必过分地谴责，可以微笑着对孩子说：“我们知道你已经很努力了。失败不要紧，我们要吸取经验教训，下次你一定可以考出好成绩。”孩子会为父母的微笑和

激励的话语中所蕴含的爱而感动，从而以更加努力的学习行动来回报父母。这就是激励的功效。无论父母如何疲劳和内心困苦，都要注重孩子的表现并及时给予孩子激励，这样，孩子将从父母那里获得前进的希望和动力。

那么，父母如何做才能找出激励孩子的诱因，并且鼓励孩子进步呢？

一、父母要明白激励孩子是积极需要的满足。在日常生活中，父母要注意观察孩子，发现孩子需要满足的情绪。每个孩子都会经历这样一个过程，即从心理需要到动机，继而有行为，最后实现自己的目标。然后，孩子将产生新的需要。这样循环往复，孩子的知识和能力从而得到提高。需要是孩子积极性的源泉。父母要尽量满足孩子的渴望，让孩子逐步接近自己的奋斗目标。

二、父母要对孩子有意识地进行引导，从而对孩子形成刺激并引发孩子更高层次的情感需要，进入良性循环。比如父母发现孩子特别喜欢做数学题，就可以给孩子买一本奥数题集给他练习。孩子发现这些题目比较有意思，就会乐在其中，从而去找寻更多相关的资料学和研究。父母有意识的引导将最大限度地调动孩子学习的积极性。举一反三，触类旁通，由这个例子可以延伸到其他学科学习乃至生活方面，父母可以逐一尝试。

此外，孩子的能力大小不同，父母的激励可以发挥的作用也有所不同。孩子的能力强，激励的效果就会更加明显。但孩子明显不具备很强的能力时，父母切不可用孩子达不到的要求来激励孩子，这样将产生“拔苗助长”的后果或者损伤孩子的自尊心。父母要通过实践不断积累经验并寻找更多激励孩子的办法，从而促使孩子获得更大的进步。

在父母的激励下，孩子将非常乐意去做他所认为有重要价值的事情，而且，孩子还会力求成功。激励的作用远胜过批评和责骂，对孩子的学习具有激活特性和始动机能，具有积极定向和导向机能，可使孩子尽快进入学习状态并将全部精力集中于学习等必要的活动上。毫无疑问，激励对孩子的成才有着巨大的促进作用。

9. 让孩子有台阶下

有一天，弯弯的妈妈发现自己的金手链不翼而飞。她认真回想了一下，想起女儿早晨曾在自己的化妆台前流连，莫非是女儿一时好奇，戴到学校去了？

弯弯放学回到家，妈妈特意把弯弯叫到身边。她说：“弯弯，妈妈的手链丢了，你能帮妈妈找一下吗？”弯弯欣然答应了。于是，妈妈找个借口离开了房间。

没过多久，弯弯果然举着一条金手链对妈妈说：“瞧，在这儿。你看，我从桌子下面找到了它。”

妈妈真诚地夸奖了女儿，弯弯不好意思地笑了。

从此，妈妈的金手链再也没有丢过。

其实，弯弯妈妈已经仔细找过了整个房间，她确定房间里没有。刚刚她也从门缝里清楚看到女儿从自己的口袋中取出了手链，只是碍于面子，弯弯不好意思承认。于是，妈妈给了她一个台阶下。

说到底，弯弯妈妈是从保护女儿的角度来思考问题的。她给犯错的女儿一个自我改过的机会，用一个合适的台阶保护了女儿的尊严。

孩子的认知和自控能力正处于发展过程中，谁能保证不犯错呢？面对诱惑，孩子一时冲动拿了不该拿的东西。作为父母，究竟该义正辞严地批评教育他，还是换一种更好的方法来保护他“摇摇欲坠”的尊严呢？

其实，父母不妨给孩子一个台阶下。就像弯弯妈妈那样，孩子会因为你的

宽容而心存感激。在以后的人生道路上，他会不断提醒自己：尊严，比任何东西都可贵！让我们有尊严地活着！而这种脆弱的尊严，需要父母用心去呵护。

为什么要给孩子一个台阶下呢？

这主要是因为孩子做错事情后会产生一种负疚的心理。如果这种心理没有机会或渠道得以释放，孩子就比较容易产生心理问题。所以，父母不要高高在上，用成人的心理优势压服孩子。我们应给孩子一个台阶，蹲下身去感受孩子的情绪，认真地帮孩子梳理所遇到的困难，找出解决的办法。具体可以分以下几步来完成这一任务。

父母不要过于紧张孩子的不良情绪，不妨先给孩子找个合乎常理的理由，逐步抚平孩子的情绪。接着，我们帮孩子确立界限，解决情绪。所谓确立界限，就是给孩子一个解决问题的方法或告诉孩子应该注意哪些问题。

举个例子来说，比如孩子考试只得了 65 分，孩子非常沮丧和担心。他战战兢兢地回到家告诉父母。这时，父母首先要保证自己不发火，并对他说："孩子，我知道你已经尽力了，我能理解你。"

韩剧中有一句很经典的话："如果你想安慰一个受伤的人或者你想帮助一个受伤的人，最好的方式是撕开你的伤口，让别人去看。"在这里，父母不妨使用"拿来主义"，告诉孩子，其实自己小时候也考过这么低的分数。但是，后来自己通过总结不足、奋起直追，最终获得特别好的成绩。当孩子得知父母也有相似的经历时，他的心将和父母靠得更近。同时，孩子也重燃信心，希望自己能像父母那样，通过努力把成绩提上去。

当然，有的孩子具有很强的逆反心理。他们往往会拒绝父母的说法，与父母持反对意见。比如孩子会说："我永远都学不好数学，总是考不出好成绩。"遇到这种情况，父母不要马上去阻止孩子。"人人有情绪，一会儿就过去。"一个人不可能永远生气或沮丧。父母可以先忙别的事情，等孩子平静下来后，再对他实行情绪疏导。

在这个过程中，父母千万不要用自己的言行去暗示孩子，让他们产生紧张的感觉，同时保持冷静，不说出过激的话来伤害孩子。然后，我们再用自己的经验为孩子遇到的问题提供解决办法及技巧，让孩子正确地面对和解决问题，这一点非常重要。因为孩子自己解决不了面临的问题时，会变得暴躁，从而容易产生过激行为。

最后，父母应多给予孩子精神上的鼓励。这并不代表父母需要总是赞同孩子的想法和做法，只是让孩子确信你接受他们本身。不管孩子做错了什么，只要他们敢于认错，并且积极地纠正错误和弥补过错，那么父母就要给予孩子信任与支持。这样，父母给孩子台阶下，才能获得最好的教育效果。

10. 衡量孩子的承受度

在第 11 届亚太科学中心大会上，中国科协副主席、中国工程院院士韦钰曾经谈到：“15 岁前，是脑发育最快的时期，对于孩子的教育格外重要。”韦钰曾经在提到神经教育学(转化教育学)对探究式科学教育的促进时，特别强调一点，即不能够给孩子过大的压力、过分的压力。否则，孩子的大脑有可能受损，从而出现各种疾病。因此，在教育孩子的时候，父母一定要注意衡量孩子的承受度。

据专家考证，孩子一出生就具有强大的学习能力，他们的主要学习方法是模拟。在这个过程中，父母需要和孩子做好沟通和交流，注意随时观察孩子，对他的承受度作出综合评估。

孙先生和儿子小勇之间总是充满了火药味。他不仅不让儿子看电视，还提出很多与学习不沾边的要求，比如为了让儿子学习成绩提上去，他给儿子报了三四个课外辅导班。每天放学后，别的孩子写完作业后就可以玩耍，但是，小勇却还要上各种辅导班，一直要忙到深夜才能睡觉。如此沉重的压力让小勇不堪重负。

因为学习的事情，孙先生对小勇很不满意。且不说小勇根本就没有时间看电视，只要他一靠近电视，孙先生就有想把电视砸碎的冲动。

就这样，孙先生和儿子小勇的关系一直处于对立的情形。后来，孙先生加大对儿子的管教力度，逼得小勇以不吃饭来反抗。小勇绝食三天后，孙先生终于做出让步。但是，小勇却因为这次绝食行动大病一场，同时还耽误了学习，真是得不偿失。

总的来说，小勇的情形主要是因为父亲施加的压力过大造成的。孙先生总是一厢情愿地逼着孩子学习，不断加重孩子的负担直至令孩子难以承受。

毋庸置疑，父母的确应该严格要求孩子，但是同时也要考虑孩子的承受度。毕竟孩子还小，承受能力有限，父母不能一味地施压。

那么，父母在日常生活中应该如何掌握这个度呢？

一、在给孩子布置额外的学习任务时，一定要考虑孩子的承受度。父母不仅要从孩子的时间结余方面来考虑，还要从心理上来考虑。尽量让孩子每天保持平和的心态，不能由于过度的压力而让孩子产生对抗情绪。比如孩子每天想看一会儿电视，在不影响学习并且时间不长的情况下，就可以适当地让孩子看一会儿，千万不要过度指责孩子。

二、对孩子的态度要尽量宽容。如果孩子有什么让父母不认可的行为，父母也要深思熟虑之后再进行干涉。比如有的孩子喜欢先玩一会儿再写作业，在不影响学习并且时间不长的情况下，那么父母不必横加指责，苛求孩子。

在日常生活中，父母对孩子采取强硬的态度时，一定要顾及孩子的承受能力。我们千万不要适得其反，助长孩子的逆反心理，更不能因此伤害亲子感情。对孩子偶尔为之的事情，父母不要过于紧张并大动肝火，让孩子对父母萌生厌恶心理，这样更不利于家庭教育的进行。

此外，当孩子反对父母的做法时，父母也不要一味强迫孩子，因为父母往往很难设身处地地考虑孩子的一些想法。在这种情况下，父母要从孩子的承受度出发，心平气和地与孩子商量，考虑孩子的意见。衡量孩子的承受度，父母将可以对孩子有的放矢地进行教育，从而为孩子量身定制一些切实可行的家庭教育模式。这样，孩子才能真正做到劳逸结合，有自己的兴趣爱好，同时孩子的身心健康才能得到有效保障，在快乐的学习和生活中获得发展。

11. 言行一致，做好表率

有的父母习惯随便许诺，不经考虑地随口答应孩子的要求，事后便忘得一干二净。但孩子不是这样，只要父母说了，他们就会记在心里，特别是父母答应过自己的事情，更是如此。如果父母不兑现自己的诺言，就会在孩子的心里留下言行不一的恶劣印象。

小秦上初中后，父亲发现他居然偷偷地抽烟，因此非常生气，严厉地责骂了他。

可是，小秦的话却让父亲大吃一惊。他说："爸爸，为什么你能抽烟，而我就不能抽烟呢？"听了这句话，父亲一时语塞。

见父亲不说话，小秦接着说道："其实我知道抽烟危害身体健康，不过，我还是想试试。你每天都抽烟，我为什么就不能呢？如果你能戒烟，我保证从此再也不抽烟。"

父亲沉思了许久。是啊，如果自己在抽烟，又怎么能期望儿子能听自己的话，不碰香烟呢？作为父亲，他应该为儿子做出一个榜样来。想到这里，他对儿子许诺："好，从今天下午开始，我再也不抽烟了。"小秦微笑着表示要做父亲的监督员。当然，父亲作出表率，自己也要有所表示，于是，他对父亲说，只要你不再抽烟，今后我也绝不会再碰香烟。

小秦的父亲有多年烟龄，真正戒烟并不是一件容易的事情。每当烟瘾上来的时候，他便浑身难受。但是，一想到自己对孩子的诺言，他又生生地忍了

下去。为了配合戒烟，他用零食来转移注意力，就连平时最不喜欢的零食，他都时不时地往嘴里放一些。就这样，经历几番折磨后，小秦的父亲终于戒烟成功。小秦见父亲实现了自己的诺言，亲身给自己做出了榜样，感慨万千。他向父母表示，自己以后再不抽烟了。

在上述事例中，父亲无疑给儿子树立了一个好榜样。在孩子的眼中，好父母就应当像小秦的父亲一样言行一致。

著名教育家陶行知有言：“千教万教教人求真，千学万学学做真人。”可见，教孩子做学问，先要教会孩子做人。孩子从父母那里，要学会勤劳善良，还要学会诚实守信。而诚实守信又要求父母以身作则，言行一致。父母的言传身教，对于孩子意义重大。孩子学习成绩不好只是暂时的，即便他毕业的时候成绩平平，也并不影响他将来成就一番事业。才能的不足可以由德行来弥补，而言行一致正是德行中至关重要的一种。

如果父母自己都做不到言行一致，那么孩子将难以对父母产生信任的感觉。下次父母再说什么或者做什么，孩子就不会认真对待，他们会以为父母只是随便说说罢了，不必真的执行。这样会给父母实施家庭教育带来一定的难度。

此外，父母言行不一，孩子会依葫芦画瓢。等他长大后，可能也会变成一个不守诚信的人，从而偏离正常道德素养的轨道。育人是培养能力，育智是学习知识。先能力，后知识。父母只盯着分数，无异于舍本逐末，终究会害了孩子。学会做人是人生第一课，更是人生永远的一课！因为一切成功源于做人的成功，而言行一致，如上文所述，是其中最重要的一个方面。

成年以前，孩子在一切方面都将以父母的行为做标杆。因此，在孩子的成长过程中，父母要事事做好表率。孩子眼睛明亮、思维敏捷，他们会把父母的行为当成课本来进行模仿学习。所以，父母在做出任何承诺之前，一定要慎重

考虑。我们要考虑这件事自己是否能做到和做不到的后果，切不可草率答应孩子的要求。

父母一旦作出承诺，就一定要努力做到，即便有天大困难，也要尽力克服。当然，有时由于时过境迁等客观原因，父母真的无法做到原来答应的事情。在这种情况下，一定要做好解释工作，或者从其他方面弥补孩子，让孩子看到自己已经为做到言行一致尽了最大努力。孩子明白了这一点，自然将体会父母的良苦用心并理解父母。当然，他们也会被父母的认真所感动。如此，父母的思想和行为终会影响孩子，促使他们努力去做一个言行一致的人。

12. 面对困难坚忍不拔

成长过程中，孩子不可避免地要遇到一些困难。对此，很多父母往往对孩子实行过度保护并帮助他们解决困难，从而间接地剥夺了孩子战胜困难、锻炼自我的权利，让孩子逐渐变得懦弱无能。其实，大可不必如此，父母不可能时时刻刻守在孩子身边，更不可能守着孩子过一生。与其帮助孩子解决难题，倒不如培养孩子面对困难坚忍不拔的精神以及战胜困难的能力。

加拿大著名的摔跤明星麦克法兰，小时候和同伴们一起玩时，一个小朋友不小心把烧焊器捅入了他的左眼，虽然得以及时救治，但视力严重受损。更严重的是，由于交叉感染，他的双目彻底失明，从此，只能在黑暗中摸索前进。

慈爱的妈妈教育麦克法兰一定要坚强。她开始手把手地教儿子一些生活基本技能，比如如何摸索着把干草放在一起；如何去摘树上的苹果；如何去挤牛奶。每当他取得一项成功时，妈妈总是大声地表扬：“看！我的儿子有多么棒啊！他完全像正常人一样能干！”

麦克法兰 6 岁时，父母没有把他送入盲童学校，而是像对待正常人一样把他送入了普通小学。父母不断鼓励他像正常人那样对待自己。在父母的鼓励下，麦克法兰不仅学习成绩非常优秀，而且还成为一个摔跤高手。他在赛场上一次又一次打败对手，比正常人表现得还要优秀，最后居然获得了 6 个国际冠军和 11 项加拿大冠军！试想一下，如果没有坚忍不拔的毅力，他是很难做到这一点的。而父母持续不断的鼓励，恰好是他人生最好的助推剂。

我的一位同事给孩子报了一个钢琴班。每到上课的时间，同事都会送孩子去上课。有一天，外面狂风大作，大雨倾泻如注，路上的行人很少。怎么去上课呢？同事发起了愁。

本来，让孩子少上一节课也无可厚非，但同事却不愿意这样做，她不想让孩子养成一有困难就撤的毛病。想到这里，她给孩子穿上雨衣，陪孩子一起走出了家门。她要让孩子明白，即便碰到这样恶劣的天气，也要克服困难，坚持到底。

由于雨太大，他们骑不动自行车，只好一步一步顶着狂风暴雨艰难地蹚着水走路。就这样，他们与风雨搏斗了一个小时后，终于走到了学校。虽然此时孩子已全身湿透，但是课却没有耽误。孩子想：以后我遇到困难，再也不会害怕。因为通过这次与风雨作斗争，他明白了一个道理：只要用坚忍不拔的精神面对困难，就一定能克服它。

诚然，从未成年人权益保障方面来说，父母应该保护孩子。但是，如果连孩子力所能及的事情都要代劳，那么就会剥夺他们的权利——锻炼生活能力的权利。面对困难，孩子拥有坚忍的性格非常重要。因为，在这个世界上没有一样东西可以代替克服困难的能力和坚忍不拔的毅力。才华不能，这个世界上很多才华横溢的人一事无成；学识也不能，很多孩子上了名牌大学，甚至成为了硕士和博士，但是他们却依旧在社会底层挣扎。许多人没有过人才华、超群学识却功成名就，往往受益于他们坚忍不拔的精神。所以说，父母应当培养孩子面对困难坚忍不拔的精神。

那么父母如何培养孩子坚忍不拔的精神呢？

一、多找正面的事例来鼓励孩子。

比如富兰克林，他是一位产生国际影响的科学家和发明家。但是，在当时他的学术成果并不被人们认可，他的电学论文被当时的皇家刊物指责为可笑至极。幸好，他坚持自己的信念，顶住那些嘲笑的目光，继续进行科学研究。最终，富兰克林用有力的科学证据证明了自己的观点。每一个孩子都有一个最初的英雄梦，聆听名人奋斗的事迹，孩子们会受到鼓舞，进而化为催他们上进的信心和力量。

二、有意识地锻炼孩子的胆量。

如果孩子碰到一点困难就绕道而行，他长大后难保不会成为一个懦夫。父母可以让孩子从培养自己的毅力开始，逐步锻炼出坚忍的性格来。当孩子渐渐变得不怕苦、不怕累也不怕打击的时候，困难便不可能再对他们构成威胁。

三、帮助孩子树立坚定的信念。

温家宝总理曾经说过：“每个人可以选择不同的道路，但必须树立这样的信念，就是要以坚定的决心和坚忍不拔的毅力，迈出人生最重要的一步。不论做什么工作，都要把它做好。”因此，想让孩子遇到困难坚忍不拔，那么父母就一定要鼓励孩子坚定自己的信念，如此，孩子才会长期坚持奋斗，才有可能产生奇迹。

13. 教会孩子耐心做事

在教育孩子的过程中，有的父母缺乏耐心，而孩子在父母的影响下，也很难坚持完成一件事情。学习是孩子的主要任务，如果缺乏耐心，那么势必会影响孩子的学习。孩子会变得意志薄弱，稍微遇到一点困难就放弃。

没有耐心的孩子，往往很难对一件事情长期关注。比如今天他对画画产生了兴趣，于是大张旗鼓地让父母给自己买颜料、纸张，准备好好学习。可是由于缺乏耐心，没过几天他们就会把画笔扔到一边去，兴趣继而转移到别的上面……这样一而再，再而三，孩子最终会由于精力分散而一事无成。

有的孩子虽然智力平平、成绩普通，但是他们做事有耐心，可以弥补这些先天的不足。一个有耐心的孩子，往往会由于持续的坚持使学习能力渐渐得到增强。经过长期努力，这样普通的孩子也将会跻身于优秀孩子之列。

著名的昆虫学家法布尔，小时候和外婆一起住在乡下。他特别喜欢小昆虫，有一次，外婆给他抓了一只小蝈蝈，法布尔高兴极了。他立刻给小蝈蝈做了一个漂亮的小笼子，每天采最新鲜的草喂它。但是，坚持了没有几天，他便失去耐心，不想再喂下去。

外婆没有生气，而是耐心地给他讲了许多关于蝈蝈的传说和故事。由于故事非常精彩，法布尔听得津津有味。之后，当外婆提出要把蝈蝈收回去时，他后悔了。他向外婆保证，自己以后一定要做个有耐心的孩子，坚持把蝈蝈养下去。此后，他果真成了蝈蝈的好朋友，每天一有时间，就耐心地蹲在它的旁边进行观察，还和它说话。通过和蝈蝈的相处，他对昆虫产生了浓厚的兴趣，这种兴趣影响了他的一生。法布尔渐渐变得有耐心并一心一意地投入昆虫研究，发现了昆虫界的许多秘密，最后，终于成为了法国最著名的昆虫学家、动物行为学家和作家。直到今天，他的作品还深受广大儿童的喜爱，人们亲切地称他为“昆虫界的荷马，昆虫界的维吉尔”。

在孩子的学习过程中，耐心至关重要。如果孩子缺乏耐心，那么无论树立多么远大的目标都等于纸上谈兵，且无论他多么聪明，都将永远被拒于成功大门之外。

那么，父母如何培养孩子的耐心呢？

一、在教育孩子的过程中，父母自己要表现出耐心。

如果父母都没有耐心，很难让孩子坚持不懈地做事。父母要以自己的行动向孩子阐释耐心的实际意义。比如陪孩子玩拼图时，如果孩子玩了一会儿就弃之一边，那么父母一定要鼓励他坚持下去。在这个过程中，父母可以不动手帮忙，只要在旁边耐心地鼓励他们就好。另外，平日里父母本身也要有足够的耐心，不能动不动就发脾气训斥孩子。

二、让孩子时刻铭记自己的目标。

无论孩子做什么事情，一旦缺乏耐心坚持不下去时，父母就要提醒孩子最初的目标，激励孩子，教他们踏实稳健地向自己既定的目标迈进。同时，父母还要适时提出自己的意见给孩子做参考，教他们如何让自己所做的事情变得更容易一些。当孩子取得一定的进步时，他们就会增强信心，从而依靠自己的耐心坚持下去。

三、在培养孩子耐心的过程中，要讲究技巧。

如果孩子耐心地做完事情，父母可以给予某种奖励。也许是一份神秘礼物，一个秘密约定，或者只是一个鼓励的眼神，一次亲切的爱抚，都会让孩子觉得等待并不漫长，从而耐心地坚持着去实现自己最初的目标。父母的鼓励和奖赏是孩子耐心的催化剂，也将使孩子的信心更加坚定，坚持做好遇到的每一件事。

四.在教导孩子的时候，父母的心态一定要平和。

有的孩子直到十来岁才能掌握耐心的艺术，还有的孩子则很难控制自己的冲动。要使这些孩子变得有耐心，难度比较大。父母要认识到这一点，充分理解孩子的行为。然后，我们保持平和的心态，耐心地加以引导。时间长了，孩子的行为总会有所改观。

相信只要父母对孩子耐心的培养能持之以恒，那么孩子的性格一定会向父母所期望的方向发展。

14. 父母要学会高尚的玩乐

孩子的兴趣常常受到父母的影响而表现出一定的不稳定性，所以，如果父母只顾自己高兴，迷恋一些低俗的网络游戏，就会对孩子产生不利的影响。

其实，孩子的兴趣与蒸气一样，若能控制就会成为轮船、火车的动力，若任其自由发展就可能造成危害。而父母的兴趣爱好，往往是他们兴趣发展的方向。

我的一位老朋友老陶喜欢书法。工作之余，他常常在桌子上摆好文房四宝，然后开始练字。开始时，孩子并不理会，但一段时间后，老陶发现了一个可喜的苗头——孩子对书法产生了兴趣。他常常入神地看着父亲笔走龙蛇，写出一个又一个漂亮的大字，而老陶也乐得把毛笔递给他，让他去试着练习。就这样，孩子在老陶的指导下，写字的水平见长。看到孩子一点一滴的进步，老陶都及时给予鼓励。因此，孩子越练越起劲，字越写越好。不仅如此，写字还增强了孩子的自信心，让孩子在其他方面也获得明显的进步。

其实，孩子的兴趣爱好最初就像是一张白纸，可以接受任何颜色的涂抹，但经过外界环境长期潜移默化的熏陶后，孩子往往会对不同事物表现出不同程度的兴趣。因此，在引导孩子的过程中，父母要注意自身素质的提高，培养一些高雅的兴趣爱好。须知高尚的兴趣爱好将对孩子产生良好的影响，比如父母经常在孩子面前读书，孩子一旦受到影响，对读书产生浓厚的兴趣，就会燃起求知的智慧之火。这样，父母就等于为孩子成功铺设了一条阳光大道。

我的一位同事，每天坚持和孩子一起看40分钟书，并且就书中的知识与他沟通，培养孩子良好的读书习惯。他为了让孩子便于理解和接受，往往选择一些经典书籍，如《水浒传》。看完后，他就会和孩子一起讨论，问他书中有哪些人物，最喜欢哪位人物。通过培养孩子的读书兴趣，同事感觉孩子的气质发生了改变，整个人都散发着一种书香气息。

相反，父母低俗的兴趣则可能也让孩子染上恶习。如有的父母迷恋电视剧，不管孩子，久而久之，孩子也会常常泡在电视机前。因为孩子毕竟年龄小，自觉性不强，父母的兴趣爱好充分暴露在孩子面前，那么孩子很难不受影响。

此外，父母还要注意自己兴趣的广泛性，因为这样可以带动孩子发现更多的选择。父母在孩子面前展现自己广泛的兴趣，孩子必然会产生好奇心。此时，父母可以在孩子感兴趣的方面慢慢地引导他、激发他。必要的时候，父母还可以请一位专业的教师来培养孩子，让其继续深造。

总之，父母对孩子兴趣爱好的培养，身教重于言传。父母的一言一行，都会对孩子起到潜移默化的作用。有位父亲过去痴迷于打麻将，孩子渐渐懂事以后，他觉得这样对孩子影响不好，于是便设法改变这个习惯。他开始在家中看书看报，疲劳了就听听抒情歌曲。孩子受到影响，也开始喜欢看书报、听音乐、唱歌，还喜欢画画。因此，父母颇感欣慰。

所以，父母为了自己的孩子，要尽量多培养一些高尚的兴趣爱好，比如看书、写文章、旅游、养花草、下围棋或象棋……至于一些诸如打麻将、买六合彩、赌马之类的爱好，尽量戒除为好。

有一句话大家并不陌生：人与人的区别就在于 8 小时之外。也就是说，闲暇时间的利用问题非常重要，家庭教育也是如此。在工作之余，父母多与孩子待在一起，如果有高尚的兴趣爱好，必定会对他们产生良好的影响，也许让他们的一生都为此受益。

15. 提高自身素质，向孩子学习

有的父母往往在孩子面前表现得非常强势，他们命令孩子搞好学习，自己却找寻种种借口不去提升素质。有的父母觉得教育孩子非常简单，不过是让孩子不做出格的事而已。然而，随着社会的发展，教育孩子的过程发生了许多新的变化。父母要想跟上时代的步伐，不能局限于只向自己的上一代学习，还要从专家、书本和网络那里获得知识，甚至向自己的孩子学习。“要当先生，首先当好学生”，这句话也适用于父母教育孩子的过程。因此，父母务必提高自身的素质，而在这个过程中，向孩子学习是非常有必要的。

父母向孩子学习，首先要充分了解孩子。在生活中，孩子往往不会掩饰装假，总是表露最真实的情感。情感由人的内心自然地投射于外界，人只要有感觉就会表现出来，这本无可非议。但是很多父母只考虑自己的感受，对孩子的感受视而不见。他们不给孩子说出自己感受的机会，或者即使孩子说出来也不予理睬。殊不知，父母不了解孩子的真情实感，就不能有的放矢地教育孩子。而且，父母这样一意孤行，是不可能明白孩子的想法的。此种状况下，又怎么去向孩子学习呢?

另外，每个人的认识都是从感觉开始，是很真实很具体的。对于孩子也是如此。这时，有的父母可能会说，万一孩子产生错觉怎么办?

事实上，哪怕是错觉也是一种真实。理智的建立以感觉为基础，它存在于感觉之中。感觉是最生动、最直接和最自然的事物，是灵感的巢穴，是理智积

累的大本营。父母理解孩子的感觉，才会获得孩子的认同，从而走入孩子的内心。比如孩子把房间弄得很乱，在父母眼里，孩子就是淘气、不爱整洁，但其实对于每一样东西的摆放他们都有自己的想法和乐趣。父母要考虑他们的想法之后，再做出是否归整的决定。

那么，具体来说，父母要向孩子学习什么呢？

一、学习孩子的认真。

孩子的认真经常被大人看作痴迷或者不懂事。然而，孩子死心眼地认同父母的想法，其实也是一种认真。父母不认可孩子的认真，等于否认自己的正确。孩子的认真是一种良好的习惯，父母不但要认可，还要学习他们认真的态度。同时，要敢于向孩子承认错误，实事求是地检讨自己，这是在孩子心里建立父母威信的不二法门。

二、学习孩子的直率。

直率并不为很多父母所认同，但是，有时直率往往更得人心。一个直率的人，往往看起来很自然，让人感觉很舒服。孩子的直率容易取信于人，增加了人与人交往的信任度。因此，父母要学习孩子的直率，和孩子坦率相处，这对孩子诚实、豁达、开朗性格的培养非常有好处。

三、学习孩子的创新意识。

孩子脑中没有一点条条框框，什么都敢说敢想。有时候，孩子的突发奇想常使人啼笑皆非，但又不得不承认确实很有新意。在这个世界上，很多的发明创造往往来源于孩子的想象。父母多向孩子学习一些创新意识，拓展自己的思维空间，那么将变得更加开明，也将能更加顺畅地与孩子沟通。

四、学习孩子对新事物的好奇心。

孩子的好奇心最值得父母学习。他们往往容易被新事物所吸引，而父母却往往被琐碎的生活消耗了热情，对其视而不见，不感兴趣。如果父母能像孩子那样拥有一颗探索、发掘新事物的好奇心，那么将会有许多新的发现。同时，父母也会察觉到孩子各个阶段的变化，主动和孩子进行交流，在亲子关系中处于主动的地位。

总之，父母可以向孩子学习的东西还有很多。父母在不断提高自己素质的同时，一定要有向孩子学习的意识。我们将会发现孩子才是真正的好老师，也能真正体会到当父母的乐趣，懂得什么是真正的天伦之乐！